Beverly LaHaye

Cómo desarrollar el temperamento de su hijo

CASA CREACIÓN
Para vivir la Palabra

Para vivir la Palabra

MANTÉNGANSE ALERTA;
PERMANEZCAN FIRMES EN LA FE;
SEAN VALIENTES Y FUERTES.
—1 CORINTIOS 16:13 (NVI)

Cómo desarrollar el temperamentode su hijo por Beverly LaHaye
Publicado por Casa Creación
Miami, Florida
www.casacreacion.com
©2017 Derechos reservados

ISBN: 978-1-941538-26-5
E-book ISBN: 978-1-955682-48-0

Desarrollo editorial: *Grupo Nivel Uno, Inc.*
Apatación de diseño interior y portada: *Grupo Nivel Uno, Inc.*

Publicado originalmente en inglés bajo el título:
How to Develop Your Child's Temperament
Copyright © 1977 Harvest House Publishers
Publicado por Harvest House Publishers
Eugene, Oregon, 97402, U.S.A.
www.harvesthousepublishers.com
Todos los derechos reservados.

Nota de la editorial: Aunque el autor hizo todo lo posible por proveer teléfonos y páginas de internet correctos al momento de la publicación de este libro, ni la editorial ni el autor se responsabilizan por errores o cambios que puedan surgir luego de haberse publicado.

Impreso en Colombia

22 23 24 25 26 LBS 9 8 7 6 5 4 3 2

Dedicatoria

Nunca dudé en cuanto a quiénes merecían la dedicatoria de este libro:

Linda, Larry, Lee y Lori.

Durante veintinueve años nuestros hijos nos han enseñado. Doy gracias a Dios por los temperamentos que Él escogió para cada uno de ellos y que, como padres, nos permitiera desempeñar un papel importante en el desarrollo de sus vidas.

Reconocimientos

Escribí este manuscrito mientras viajaba con mi esposo y participaba en los Seminarios para la Vida Familiar, en cuarenta y seis países del mundo. Agradezco enormemente la ayuda de mi hermana Barrie Lyons, que recibía cada uno de los capítulos por correo y se responsabilizó tanto de redactarlos como de pulirlos hasta que el manuscrito quedó listo para la publicación. También debo agradecer a Linda English, encargada de transcribir una y otra vez el original, hasta completar el proyecto. Mis dos hijas casadas, Linda y Kathy, sumaron su ayuda junto con mis otros hijos y nietos, que me permitieron compartir muchas de sus propias experiencias.

Contenido

1. Los hijos: buenos, malos o indiferentes 9

2. Es menester conocer al hijo................................19

3. Por qué sus hijos actúan así 23

4. Doce combinaciones del temperamento infantil 39

5. La época de los pañales y de los creyones.......................61

6. La caja de arena, las rodillas magulladas
    y los días de escuela..93

7. Las tablas de multiplicar, los patines
    y los deseos de acicalarse.................................103

8. Los terribles y tiernos años................................115

9. Una enseñanza que abarca al niño integral 141

10. La disciplina no es solamente castigo..............................163

11. Coseche las recompensas del amor.....................................179

1

Los hijos:
buenos, malos o
indiferentes

Mi hija de seis años de edad estaba parada frente al espejo del dormitorio mientras yo permanecía en el pasillo sin ser vista, observándola desde la puerta. Se acababa de poner uno de mis mejores vestidos, un par de zapatos de tacones altos y, en ese momento, se estaba poniendo mis guantes. Permanecí fuera del alcance de su vista para poder observar la escena. Tomando el lápiz de labios con los guantes blancos que ya tenía puestos, intentó untar un poco de color en sus labios. Luego alzó el cepillo para acomodarse el cabello y, finalmente, cuando se disponía a destapar mi costoso perfume francés, entré silenciosamente en la habitación. Le dije:

—¡Vaya… qué guapa te ves! ¿Cómo te llamas? —me resultaba difícil mantener la cara seria mientras me miraba, porque se había dibujado unos labios rojos, disparejos y enormes, que la hacían parecer más a un payaso que a la dama que pretendía ser. Me respondió sorprendida:

—¡Tú me conoces! Soy Lori, mamá… quiero ser igual a ti.

Se me contuvo la respiración y se me hizo un nudo en la garganta al darme cuenta de que la criatura estaba tratando de ser un duplicado mío. ¡Qué responsabilidad! ¡Cuánto amor y encanto manifestaba! ¡Qué indescriptible privilegio tener una hija que admire tanto a su madre que quiera ser como ella!

Dios nos ha dado a nosotros, los padres, la enorme responsabilidad de amar, proteger, entrenar y disciplinar a nuestros hijos. El Salmo 127.3-4 nos dice: «Los hijos son una herencia del Señor, los frutos del vientre son una recompensa. Como flechas en las manos del guerrero son los hijos de la juventud».

La saeta debe ser dirigida correctamente para alcanzar su objetivo. Además, la flecha necesita del arco para combinar su fuerza y su poder. Cuando observo a una persona que posee habilidad en el manejo del arco y de la flecha, advierto de inmediato cómo sujeta el arco, doblándolo en una posición adecuada como para poder dirigir la flecha correctamente. Cuanto más flexible sea el arco, más lejos llegará la flecha. Esta es una hermosa figura visual que ilustra la necesidad de que los padres tengan a sus hijos en sujeción y apunten cuidadosamente para dirigirlos a la meta.

1. La tendencia al mal

La naturaleza de las criaturas es ambivalente, el Salmo 51.5 nos da la primera de las características: «Yo sé que soy malo de nacimiento; pecador me concibió mi madre». Esto significa simplemente que mi madre, que me concibió, era pecadora; no que viviera en pecado. Nació con una naturaleza pecaminosa. Por lo tanto, yo también nací con una naturaleza pecaminosa. Cuando se abandona a una criatura a su propia naturaleza y no se le da instrucción ni corrección, sus padres pueden esperar que los resultados sean los que menciona Proverbios 29.15: «La vara de la disciplina imparte sabiduría, pero el hijo malcriado avergüenza a su madre». Una criatura que no se desvía de la naturaleza original con que nació, traerá vergüenza tanto a su madre como a su padre. «El hijo necio irrita a su padre, y causa amargura a su madre» (Proverbios 17.25).

Me temo que la mayoría de las veces lo más que hacemos es aguantar a nuestros hijos durante los 18 o 19 años que nos corresponde tenerlos bajo nuestro cuidado. Hay graves peligros por delante para los hijos a los que se les permitió simplemente crecer, sin darles ninguna corrección o disciplina. Toda criatura tiene la potencialidad suficiente como para llegar a ser un delincuente y un criminal cuando se deja que tome su propio camino sin ninguna instrucción o corrección.

2. La inclinación al bien

El Salmo 139.13-16 expresa: «Tú creaste mis entrañas; me formaste en el vientre de mi madre. ¡Te alabo porque soy una creación admirable! ¡Tus obras son maravillosas, y esto lo sé muy bien! Mis huesos no te fueron desconocidos cuando en lo más recóndito era yo formado, cuando en lo más profundo de la tierra era yo entretejido. Tus ojos vieron mi cuerpo en gestación: todo estaba ya escrito en tu libro; todos mis días se estaban diseñando, aunque no existía uno solo de ellos».

Dios supervisó la construcción o edificación de nuestro cuerpo y se ocupó de que fuera cuidadosamente entretejido y formado. Fuimos diseñados por Dios. Aun antes de que naciéramos, Dios tomó la precaución de enumerar nuestros miembros y todo aquello que proyectó para nosotros en el libro de la vida. Fue en ese momento, antes de nacer, que se fijaron las características de nuestro temperamento. Dios sabía lo que quería que fuéramos y tenía un plan para nuestra vida.

Sin embargo, nos dio una voluntad para elegir libremente entre el bien y el mal; de modo que la criatura a la que no se ejercita para elegir el bien, inevitablemente optará por el mal. Dios conocía cuál iba a ser la inclinación de nuestra naturaleza y nos dio muchos pasajes en la Biblia para que nos instruyéramos en relación al bien y al mal. Romanos 12.9 establece: «Aborrezcan el mal; aférrense al bien». Y en el versículo 21 señala: «No te dejes vencer por el mal; al contrario, vence el mal con el bien».

La inclinación al mal que existe en su hijo puede estar relacionada con las debilidades de su temperamento, mientras que su deseo por el bien demuestra la fortaleza de su temperamento. Al padre le es de mucha ayuda comprender que es natural que su hijo posea una inclinación hacia el mal. Esa criatura no está simplemente actuando con obstinación y rebeldía, sino que está siguiendo su propensión natural a conocer y experimentar el mal. Dentro de sí se desarrolla un conflicto puesto que no ha sido aún despertado ni alertado interiormente en cuanto a los valores espirituales.

Ha nacido con fuertes deseos egoístas y solo piensa en sus propias exigencias. Cuando se le niega lo que quiere, reacciona con ira y arranques de furia. ¿Se imaginan lo que sería un adolescente o un adulto si se le dejara a merced de esos impulsos egocéntricos naturales? El padre que entiende esas tendencias naturales estará más dispuesto a guiar a su hijo a Cristo y enseñarle a aborrecer el mal así como también a desear el bien en la vida. Demasiado pocos son los padres que parecen comprender el tremendo impacto que su negligencia o su poca instrucción pueden tener en los primeros ocho años de la vida de sus hijos.

Mi esposo usa el cuadro de la página 13 en uno de los cursos que enseña en el departamento de Psicología Bíblica del «Christian Heritage College». Ahí nos muestra que las áreas en el desarrollo de la criatura capaces de afectar el 80% de la capacidad intelectual y del carácter del niño, ya están fijas a la edad de ocho años.

Los padres deben establecer metas en cada una de esas áreas de desarrollo. Las primeras chispas de interés por actuar correctamente deben ser alimentadas, resguardadas y entrenadas. ¡Qué hermoso es escuchar a una criatura, que apenas puede balbucear una frase, repetir: «Dios es amor» o «Nosotros le amamos a él, porque él nos amó primero»! Si a esta plantita no se le cuida y no se le riega, se secará y se morirá. Los niños no esperan hasta que el horario de los padres sea más conveniente. Todo el entrenamiento debe hacerse mientras son pequeños, tiernos y maleables, porque los hijos no esperan.

Lo que implica criar un hijo

Los primeros ocho años de vida

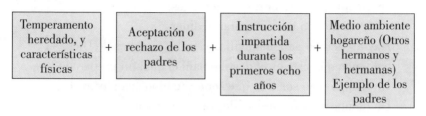

| Temperamento heredado, y características físicas | + | Aceptación o rechazo de los padres | + | Instrucción impartida durante los primeros ocho años | + | Medio ambiente hogareño (Otros hermanos y hermanas) Ejemplo de los padres |

Aproximadamente el 80%
+ la capacidad del intelecto
y del carácter

El resto de los años

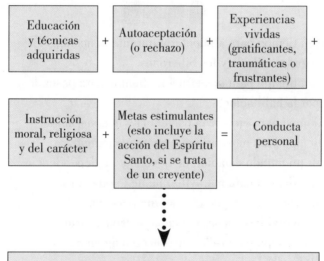

| Educación y técnicas adquiridas | + | Autoaceptación (o rechazo) | + | Experiencias vividas (gratificantes, traumáticas o frustrantes) | + |

| Instrucción moral, religiosa y del carácter | + | Metas estimulantes (esto incluye la acción del Espíritu Santo, si se trata de un creyente) | = | Conducta personal |

Lo único que puede alterar significativamente
la conducta posterior en la vida es una experiencia
de conversión, seguida del crecimiento espiritual
de una vida controlada por Cristo.

Los hijos no esperan

Hay un tiempo para anticipar la llegada del bebé,
un tiempo para consultar al médico;
Un tiempo para hacer dieta, ejercicios;
y un tiempo para preparar el ajuar.
Hay un tiempo para maravillarse en los caminos de Dios,
Sabiendo que este es el destino para el cual fui preparada.
Un tiempo para soñar lo que será este niño cuando crezca,
Un tiempo para pedirle a Dios que me enseñe
a criar al hijo que llevo en mis entrañas.
Un tiempo para preparar mi alma a fin de alimentar
la suya.
Pues muy pronto llega el día en que nacerá,
Porque los hijos no esperan.

Hay un tiempo para alimentarlo durante la noche,
para los cólicos y los biberones.
Hay un tiempo para mecerlo y un tiempo para pasearlo
por la habitación.
Un tiempo para ejercer la paciencia y la abnegación,
Un tiempo para mostrarle que su nuevo mundo
es un mundo de amor, de bondad y de dependencia.
Hay un tiempo para maravillarme de lo que él es,
ni mascota ni juguete, sino una persona,
un individuo, un ser creado a imagen de Dios.
Hay un tiempo para reflexionar acerca de mi mayordomía.
Para saber que no puedo poseerlo.
Que no es mío; que he sido elegida para cuidar de él,
para amarlo, disfrutar de él, edificarlo y responder
ante Dios por él.
He resuelto hacer lo máximo a mi alcance,
Porque los hijos no esperan.

Hay un tiempo para tenerlo entre mis brazos
y contarle la historia más hermosa que jamás haya oído.
Un tiempo para mostrarle a Dios en la tierra, en el cielo
y en la flor; para enseñarle a maravillarse y sentir asombro.
Hay un tiempo para dejar a un lado los platos sucios
y llevarlo al parque a columpiarse.
Para correr con él una carrera, hacerle un dibujo,
atrapar una mariposa y tener compañerismo lleno
de alegría con él.
Hay un tiempo para enseñarle el camino y enseñarle
a orar con sus labios de niño,
Enseñarle a amar la Palabra de Dios y el día de Dios,

Porque los hijos no esperan.
Hay un tiempo para cantar en vez de renegar,
sonreír en vez de fruncir el ceño,
Para secar lágrimas y reírse de los platos rotos.
Un tiempo para compartir con él mis mejores actitudes,
mi amor por la vida, mi amor por Dios, mi amor por los míos.
Hay un tiempo para contestar a sus preguntas,
a todas sus preguntas,
Porque quizá vendrá el momento en que no querrá
escuchar mis respuestas.
Hay un tiempo para enseñarle muy pacientemente a obedecer,
a poner en su lugar los juguetes.
Hay un tiempo para mostrarle lo hermoso del deber cumplido,
de adquirir el hábito de leer la Biblia, de gozarse
en la comunión y adoración en medio de los suyos.
De conocer la paz que viene por la oración.
Porque los hijos no esperan.

Hay un tiempo para verlo partir valientemente a la escuela
y extrañar su manera de estar siempre alrededor mío.
Para saber que hay otros que atraen su interés,
pero saber también que estaré allí para responder
a su llamado cuando vuelva de la escuela.
Para escuchar con interés sus descripciones de lo
acontecido en ese día.
Hay un tiempo para enseñarle a ser independiente,
a tener responsabilidad, autodisciplina,
Para ser firme pero afectuosa, para saber disciplinarlo
con amor.
Porque pronto llegará el momento de dejarlo partir
y de soltar los lazos que lo sujetan a mi falda.
Porque los hijos no esperan.

Hay un tiempo para atesorar cada instante fugaz de su niñez,
Solo dieciocho preciosos años para inspirarlo y prepararlo.
No voy a cambiar este derecho natural por ese
«plato de lentejas» llamado posición social
o reputación profesional ni por un cheque de sueldo.
Una hora de dedicación hoy podrá salvar años
de dolor mañana.
La casa puede esperar, los platos pueden esperar,
la pieza nueva puede esperar,
Pero los hijos no esperan.

Llegará el momento en que ya no habrá más puertas
que se baten, ni juguetes en la escalera,
ni peleas entre ellos, ni marcas en las paredes.

Entonces podré mirar atrás con gozo y no con pesar,
Será el tiempo de concentrarme en un servicio fuera
de mi hogar.
De visitar a los enfermos, a los que han perdido a sus seres
queridos, a los desanimados, a los que no tienen instrucción.
Para entonces dar mis servicios a «los más pequeñitos».
Habrá un tiempo para mirar atrás y saber que estos años
de ser madre no se desperdiciaron.
Pido a Dios que llegue el momento en que pueda ver
a mi hijo hecho un hombre íntegro y recto, amando a Dios
y sirviendo a los demás.
Dios mío, dame la sabiduría para saber que hoy es el día
de mis hijos.
No existen los momentos de poca importancia en sus vidas.
Que sepa comprender que no hay carrera mejor,
Ni trabajo más remunerador,
Ni tarea más urgente.
Que yo no postergue ni descuide esta labor,
Que pueda aceptarla con gozo, y que con la ayuda
del Espíritu, y por tu gracia, me dé cuenta de
Que el tiempo es breve y que el mío es hoy,
Porque los hijos no esperan.

Helen M. Young
(Usado con permiso)

2

Es menester conocer al hijo

La joven familia acababa de llegar de visita a la casa de la abuela. Ella los recibió tomando en sus brazos a la más pequeña, una hermosa criatura de seis meses de edad, para admirarla y hacerle cariños. Después de algunos minutos, el pequeño de cuatro años, sintiéndose pasado por alto e ignorado, haló la falda de la abuela y le dijo titubeante:

—Abuela… aquí estoy yo.

Pienso que la mayoría de las abuelas no harían algo así a propósito pero, por desdicha, hay muchos chicos que son ignorados porque nadie se toma el tiempo necesario para conocerlos como realmente son. Los pequeños de cuatro años necesitan ser reconocidos por sí mismos y recibir tanto atención como afecto, lo mismo que los recién nacidos. Aunque los niños sean de distinto sexo y completamente diferentes en su temperamento, su necesidad de ser «reconocidos» es la misma.

Cada hijo será, sin lugar a dudas, de un temperamento diferente al de sus hermanos. Los genes que ayudan a determinar su temperamento son proporcionados por los dos padres, los cuatro abuelos y quizás por los de una tercera generación.

Cuando nació nuestra primera hija, el ginecólogo nos aseguró que esa criatura sería absolutamente única. Nos dijo que si tuviéramos veinte hijos, cada uno de ellos sería completamente distinto a los demás, con temperamento y personalidad diferentes. Y eso es verdad. Cada uno de nuestros cuatro hijos fue totalmente distinto, aunque descienden de los mismos padres y abuelos. Para el tiempo que llegaban a los cuatro años, ya se notaba en ellos diferencias absolutas y podía reconocerse una originalidad singular en cada uno de ellos. Linda es nuestra primera hija. Entró al mundo con una disposición alegre. Como era una criatura curiosa y activa, nuestro tranquilo hogar se transformó en un cuarto de juegos. A los dos años de existencia era fácil adivinar en ella a una líder natural por la forma en que dirigía todo y exigía obediencia a sus muñecas y a sus animales de trapo. Su habilidad para expresarse en palabras se desarrolló a temprana edad, las que usaba con frecuencia. Respondía muy bien a nuestra corrección y disciplina; además de que mostraba una disposición natural hacia los temas espirituales. A medida que la fuimos conociendo mejor, comenzamos a apreciar su preocupación, su interés por el bienestar de los demás, su capacidad de liderazgo, así como su agudo sentido del bien y del mal. Si no nos hubiéramos tomado el tiempo necesario para conocerla, podríamos haber pasado por alto sus cualidades y nunca las habríamos estimulado ni ayudado a desarrollarse. Linda fue realmente una criatura muy agradable de criar.

Dos años después nació Larry. Pareció deslizarse con naturalidad dentro del núcleo familiar, sin demasiado bullicio. Por ser de naturaleza plácida y por contentarse con facilidad con cualquier cosa, se entretenía por sí solo durante largos ratos. Y, por supuesto, tenía una hermana que lo ayudaba a distraerse. No imponía sus exigencias demasiado a menudo y parecía contentarse con secundar los deseos de su hermana. Cuando cumplió los dos años, pasaba largo rato sentado mirando sus juguetes, como si tratara de descubrir nuevas maneras de entretenerse con los más viejos y usados. Sus ratos de ensimismamiento alternaban con ocasionales momentos de travesuras, haciendo de él una criatura encantadora e interesante. Nos fue un poco más difícil conocerlo debido a su naturaleza callada y a su falta de expresividad, pero era de suma importancia que nos tomáramos el tiempo para estudiarlo y conocerlo. De lo contrario hubiéramos desconocido muchísimas buenas cualidades que habrían permanecido escondidas. Dentro de la criatura callada suele haber una reserva de talento que necesita ser descubierta y dirigida correctamente.

Tres años después llegó Lee. Su entrada al mundo fue como una explosión. Esta criatura era un ser encantador, pero quererlo era como amar simultáneamente a un gatito y a un león. Podía ronronear y rugir al mismo tiempo. Su complejidad nos desafiaba, pero logró arraigarse a nuestro corazón por su ternura y su afecto. Antes de cumplir su segundo año, ya habíamos notado dos características exclusivas: una era su voluntad firme y su incesante autodeterminación; la otra era la clara inteligencia con que Dios lo dotó. Habernos tomado el tiempo para conocerlo probablemente haya sido lo que permitió que se desarrollara hasta ser un muchacho muy equilibrado, más que un rebelde capaz de destrozar el corazón de sus padres. A medida que fuimos conociendo y acostumbrándonos a sus humores cambiantes, fuimos más capaces de ayudarlo con nuestra actitud comprensiva. Lee probó nuestra paciencia y disciplina, pero respondió con un espíritu sensible y nos proporcionó una experiencia que nos resultó a la vez agradable y desafiante.

Cuatro años más tarde llegó nuestro cuarto hijo, que fue una niñita que llamamos Lori. Era una criatura alegre y risueña. Su carisma se mezclaba armoniosamente con el temperamento de los otros tres. Cuando había peleas entre los chicos, ella era la que procuraba la paz, restaurando la tranquilidad y la armonía. Su deseo de complacer era tan fuerte que rara vez desobedecía; y las pocas veces que lo hizo no hubo necesidad de una severa corrección. Una mirada de mamá o de papá era todo lo que necesitaba. Sus primeros dos años de vida nos evidenciaron que el mundo era su escenario y que ella era la estrella. En muchas maneras, fue su alegre actitud hacia la vida lo que entretejió una cálida y firme amistad entre nosotros como familia. No era demasiado difícil llegar a conocer a Lori, puesto que se mostraba cándida y receptiva en cuanto a todo lo que hacía. Pronto aprendimos que, por su activa participación en la vida, sería necesario que fuéramos capaces de acompañarla en sus altibajos de alegrías y pesares.

Cada uno de nuestros cuatro hijos ha hecho un impacto en nosotros, por lo que los hemos querido y amado a todos de la misma forma. Pero, ¡qué diferentes son! Cada uno contribuyó con su talento y sus cualidades particulares a forjar la familia unida que somos hoy. Las variadas alegrías y aflicciones que provocaron nos enseñaron a saber tratarlos a cada uno de acuerdo a su temperamento. Una criatura supersensible no puede ser tratada de la misma manera que el niño que es testarudo y autosuficiente. Ni puede la pequeña temerosa recibir el mismo trato que el hijo agresivo y audaz.

A fin de ayudar en el desarrollo adecuado y en la educación de los hijos, es de suma importancia que, durante los primeros años de vida del niño, los padres aprendan a conocer sus características temperamentales. El corazón, el eje, de la relación padre-hijo es conocer y comprender a cada hijo individualmente.

3

POR QUE SUS HIJOS
ACTÚAN ASÍ

«Simplemente no entiendo por qué Juanito se porta de esa manera. ¡No sale a mí ni tampoco a mi esposo!» Estas fueron las palabras exactas de una madre frustrada que no podía entender por qué su Juanito actuaba de tal modo. Le habría sido de ayuda si se hubiese dado cuenta de que su hijo actuaba así debido a la combinación de genes recibidos de sus padres, y hasta de sus abuelos. La influencia de estas seis, o quizás aun más personas, contribuye a forjar el temperamento de una sola criatura. ¿Es entonces para asombrarse que algunos hijos reflejen a sus padres, que otros se parezcan más a sus abuelos y que aun otros no se parezcan ni a unos ni a otros porque son la combinación de varias personas?

Los dos libros de mi esposo, *Temperamentos controlados por el Espíritu* y *Temperamentos transformados*, dan una presentación muy detallada de los cuatro temperamentos básicos. Este estudio fue seguido en otro libro mío dirigido a las mujeres: *La mujer sujeta al Espíritu*. El último de los libros escritos por mi esposo sobre este tema se titula *El varón y su temperamento*. Sugiero que el lector se refiera a estas obras para una mejor comprensión del tema de los temperamentos. En las páginas siguientes haremos una reflexión crítica acerca de las características inmaturas del temperamento, tal como se observa en los niños.

Mientras me preparaba para escribir este libro sostuve muchas sesiones con madres cuyos hijos eran de diversas edades y temperamentos. Mis dos hijas casadas, Linda y Kathy, me animaron al ayudarme a observar a sus hijos, y al proporcionarme las posibilidades de celebrar sesiones con sus amigas.

Una observación básica que todas hemos hecho es que cuando una criatura alcanza los dos años de edad, ya ha empezado a encajar en alguna de las categorías temperamentales. Por favor, recuerden que nadie representa un temperamento único. Somos una combinación singular de dos y, en ocasiones, hasta de tres temperamentos.

Analizaremos las características inmaturas del niño que, sin embargo, son el germen inicial de lo que llegará a ser. Debido a que estaremos tratando con la etapa inmatura, debemos cuidarnos de no encasillar al niño en características temperamentales fijas. En las diferentes etapas de crecimiento y desarrollo, el pequeño reaccionará con algún grado de variación. Las inhibiciones pueden causar que altere o reprima alguna de sus cualidades fundamentales, así como de igual forma el medio ambiente podrá ejercer una gran influencia sobre él, en el proceso de su búsqueda de sí mismo. Por otra parte se verá afectado por motivaciones transitorias, que traerán como resultado algún cambio temporal en su esquema básico.

Durante estos años formativos, su manera de ser se mostrará fluctuante; no obstante, la mayoría de las veces estará reflejando el temperamento que desarrollará posteriormente. Veamos, en primer lugar, las características infantiles de los cuatro temperamentos básicos: el sanguíneo, el colérico, el melancólico y el flemático.

Samuelito y Susanita Sanguíneos

Al pequeño sanguíneo se lo reconoce por su locuacidad constante y amistosa. Nadie es un extraño para él; todos son amigos suyos. Aun antes de hablar ya puede decir mucho con su disposición alegre y su personalidad traviesa. Su sonrisa cautivadora lo salva de muchas palizas y es posible que trate de abrirse paso en la vida transformándose en un «Amigo de todos». Es la criatura que se sienta en el carrito del supermercado y viaja por los pasillos preguntando a todo el que pasa: «¿Cómo te llamas? ¿Dónde vives?»

Este temperamento es el que, por ser el más ruidoso y vocinglero, sobresale en un grupo de chicos. Tiene períodos de interés muy breves y alternará incansablemente entre apilar bloques, treparse a las sillas, tocar los botones del control remoto de la televisión, entretenerse con un videojuego o cualquier otra travesura que a su cabecita se le ocurra. El mundo es su escenario y se hará el payaso o se lucirá, con tal de llamar la atención. Todo lo cual nos parece agradable cuando se refiere a los pequeños, pero cuando alcanzan la adolescencia ya nos disgusta. Se trata del mismo temperamento y de sus mismas características, pero con cuerpos desarrollados. Por lo general, Samuelito, que es un emulador, vivirá imitando a la gente con la que ha estado en contacto. Todos los niños son imitadores natos, pero el sanguíneo es el que no solo puede imitar, sino que luego supera esta etapa, lo que constituye una cualidad saludable en el.

Uno de nuestros nietos es un sanguíneo encantador. Sin embargo, ha sido la causa de más de un momento tenso para su abuela. Los sanguíneos suelen ser audaces, trepadores, impulsivos, primero actúan y después piensan. Este pequeño hombrecito era todo eso y mucho más. Un día, mientras estaban de visita en mi casa, me di cuenta de que se había trepado por el lado externo de la escalera de entrada, que tenía una altura de casi tres metros, la que daba a un duro piso de baldosas. Aquellas pequeñas manecitas se aferraban fuertemente a la baranda mientras casi que alcanzaba a poner la punta de los pies en el pequeño espacio que quedaba del escalón. En el momento en que alcanzó a dar el último paso y logró llegar al último peldaño, se volteó y me dirigió una sonrisa triunfadora. No tenía dos años todavía y casi no hablaba, pero si lo hubiera hecho, probablemente habría dicho: ¡Eh, abuela… mira lo que hice!

Por el momento no tenía ningún temor (la que estaba aterrorizada era yo), él era todo risas y alegría por la hazaña que realizó. El miedo le sobrevino cuando le dije que tenía que bajar y que tendría que hacerlo de la misma manera en que había subido. Lloró todo el trayecto mientras yo lo animaba e insistía para que descendiera. Los sanguíneos suelen actuar impulsivamente y después es que piensan en sus acciones. Hubiera querido decir que mi nieto aprendió la lección y nunca más lo intentó. Lo lamentable es que repitió el intento muchas otras veces, hasta que aprendió que si yo decía que no jugara en la escalera, lo decía en serio. Una observación que hice acerca de ese temperamento es que les gusta complacer a los demás. Los pequeños sanguíneos que conozco siempre están dispuestos a decir: «por favor» y «gracias». Son realmente sinceros en su intención de obedecer y complacer, pero suele arrastrarlos la curiosidad o les afectan los cambios de ambiente. Aunque muchas veces parezca que actúan con premeditada desobediencia, lo que pasa es que se olvidan de los castigos anteriores y no toman en cuenta los problemas que les puede acarrear su desobediencia.

Aun cuando se le castigue con severidad, el niño sanguíneo cambia de ánimo con prontitud y se le puede escuchar cantando o silbando un minuto más tarde. A dos criaturitas las castigaron por desobedecer y las enviaron a sus respectivas habitaciones hasta que acabaran de llorar. La colérica permaneció allí alrededor de quince o veinte minutos, gritando y protestando a voz en cuello. El pequeño sanguíneo se recuperó de su llanto en pocos segundos y salió como una flecha a jugar. Dos minutos después estaba en el columpio, volando por el aire mientras cantaba a todo pulmón: «Cristo me ama, me ama a mí...» Aun después de haber pasado unos veinte minutos en su habitación llorando, la colérica no salió nada feliz. Continuó alicaída y quejándose casi una hora más.

Al sanguíneo le cuesta trabajo jugar solo. Está tan socialmente predispuesto que necesita tener hermanos, hermanas o vecinos con quienes jugar. Le gusta compartir sus juguetes y su misma persona con el fin de ganar nuevos amigos. Su naturaleza cariñosa puede transformarse súbitamente en una manifestación de enojo si es que algo lo contraría. La explosión puede parecerse a la erupción de un volcán, pero muy pronto estará dispuesto a pedir disculpa. Es el tipo de criatura a la que en el parque de juegos se le oye gritar: «Lo siento, no quise hacerlo...» Sus emociones son una combinación de altos y bajos, que se manifiestan en carcajadas que se tornan en lágrimas y viceversa.

Debido a sus rápidos cambios de estado de ánimo, puede adaptarse a sus contrariedades y sacar buen partido de la situación. He sido testigo de la serie de desilusiones que pasó una sanguínea de quince años de edad durante sus años de secundaria, las que estoy segura hubieran acabado con un melancólico. Después de cada golpe pasaba una baja emocional, pero luego salía a flote de la experiencia con un espíritu hermoso y lleno de regocijo. Sus padres la habían educado para que no cayera en la autoconmiseración; así que, al contrario, la estimulaban para que buscara cosas por las cuales estar agradecida. El peligro de este temperamento es que después de un fuerte desaliento opte por aferrarse a un patrón de autolástima que la mantenga deprimida.

El sanguíneo rara vez suele ser un alumno brillante, debido a su inestabilidad. Es probable que posea el talento necesario, pero su naturaleza indisciplinada y su voluntad débil estorbarán sus posibilidades de adquirir buenos hábitos de estudio. Puede vencer ese factor negativo si se le entrena para ejercitar la autodisciplina en todas las áreas de su conducta y para permitir que el Espíritu Santo haga uso de su gran potencial.

Es difícil reconocer a un niño que posea este temperamento si no cuenta con la seguridad y el amor de un hogar estable. Si sus padres no son felices y pelean, entonces este niño reflejará ese espíritu volviéndose taciturno y retraído. Qué importante es para el desarrollo correcto de todos los temperamentos, que los niños sean criados en un hogar donde reine el amor y la seguridad.

Este temperamento responde a las cosas espirituales. Posee un corazón compasivo y responde a los que le aman. Cuando sabe que Dios lo ama y que Cristo murió por él, su corazón sensible reaccionará con prontitud. Puede que su comunión con Cristo tenga altibajos, ya que es un discípulo con convicciones débiles, pero casi siempre está dispuesto a volver arrepentido. La mayoría de los niños sanguíneos que tienen ocasión de escuchar el evangelio reciben a Cristo a una edad temprana. Pero necesitan una cuidadosa ayuda que los oriente durante sus años juveniles.

Carlitos y Claudia Coléricos

Es probable que uno de los temperamentos más fáciles de discernir, en los niños a una temprana edad, sea el del colérico. A la edad de dos años ya habrá desarrollado un espíritu independiente y buscará realizar por sí mismo cosas que otros chicos aún no intentan hasta mucho tiempo después. Eso puede abarcar cosas como comer por sí mismo, ponerse los zapatos o montar en bicicleta. El niño colérico es muy autosuficiente, más bien terco, respecto a cosas tales como salirse de su andador o insistir en caminar solo por los pasillos del supermercado.

A diferencia del flemático, que se saldrá con la suya y desobedecerá sin llamar la atención, el colérico protestará airado y violentamente, para luego proceder a mostrar su voluntad. Se le reconoce con facilidad por su voluntad férrea y su espíritu lleno de decisión. Esta voluntad de hierro no necesita ser un obstáculo a su crecimiento espiritual, si es que los padres logran someter su voluntad a una edad temprana.

Susana Wesley, madre de diecinueve hijos, solía decir: «La criatura con autodeterminación debe ser domeñada y traída a sujeción antes de que alcance los dos años de edad». Debe haber sabido la clave del éxito puesto que dos de sus hijos conmovieron a Estados Unidos de América y a la Gran Bretaña con su ministerio para Dios.

Es la voluntad, no el espíritu del colérico, lo que debe ser sometido. El chico que tenga una voluntad férrea sometida totalmente a Dios encontrará una valiosa ayuda en la fuerza de su carácter, para mantenerse firme contra las tentaciones de su edad. Tiene la potencialidad para llegar a ser un líder de gran influencia, más que un seguidor de otros.

El pequeño colérico, tanto como el maduro, será un individuo activo y un líder con carácter. Nuestra hija colérica era una líder dominante entre los chicos del vecindario. Algunos eran mayores que ella, pero eso no la afectaba. Organizaba y dirigía las actividades de la mesa de arena, o la competencia para saltar a la cuerda o el turno familiar para lavar los platos. Ese era el don natural que Dios le dio. Si no hubiera sometido su espíritu dominante al Señor, para ser controlado y usado para su gloria, podría haberse convertido en una persona atropelladora y en una mala esposa.

Esta jovencita aún retiene su don de liderazgo, pero es un hermoso ejemplo de una esposa controlada por el Espíritu que sabe someterse tanto a Dios como a su esposo. El Señor ha perfeccionado este don en ella y ha limado las asperezas, permitiéndole continuar en posiciones de liderazgo en las que puede ser eficiente y agradar al Señor. Él quiere que use los dones de su temperamento. Estos deben, sin embargo, ser controlados por el Espíritu Santo.

Una de las características que suele emerger en este temperamento es el lenguaje cortante y sarcástico. Debido a que el colérico es seguro de sí mismo y no le interesa complacer a los demás, expresa lo que piensa, aun cuando pueda ser cortante u ofensivo. Los niños son (por naturaleza) sinceros y francos, porque están libres de inhibiciones; pero el colérico no es solo franco sino casi brutal. Hará la prueba para ver hasta qué punto lo dejan llegar. Uno de mis nietos quiso desafiar mi autoridad un día, desobedeciendo y anunciando seguidamente: «Tú no eres mi mamá, por eso no tengo que obedecerte». No lo tomé como algo personal ni me ofendí. Sabía que ese pequeño colérico estaba haciendo la prueba para ver hasta dónde podía llegar conmigo; lo que yo tenía que hacer era demostrarle que sí tenía que obedecerme cuando lo dejaban a mi cargo. Creo que lo logré, porque ahora respeta mi autoridad y tenemos una relación afectuosa muy linda entre nosotros. Hubo necesidad de un confrontamiento y de que una voluntad fuerte dominara.

Cuando juegan dos coléricos, es seguro que muy pronto habrá conflicto. Como este temperamento siempre quiere ser el «jefe» del grupo, y solo suele haber lugar para uno, tienden a buscar la compañía de otros temperamentos a quienes puedan dominar.

Un día, mientras cuidaba a mis nietos durante las vacaciones de Navidad, tuve ocasión de observar las diversas maneras como reaccionan los temperamentos, enfrentados con una misma situación. En nuestro arbolito de Navidad había un adorno especial que tenía un valor sentimental para mí, por cuya razón no deseaba que los niños jugaran con él. Cuando me di cuenta de que estaba al alcance de las manos de ellos y que los tres se sentían atraídos por él, lo coloqué un poco más arriba y les ofrecí un objeto de menos valor para jugar. El pequeño sanguíneo se interesó de inmediato por este y no pareció importarle en absoluto quedarse sin el primero. El flemático lo estudió detenidamente y se quedó parado a la distancia para ver qué hacían los demás. No así el colérico: esta criatura vociferó que no le gustaba el nuevo adorno y que quería el otro. Le expliqué que ese adorno era muy especial y que podían mirarlo pero no tocarlo, mientras que el segundo lo podían tocar y admirar.

En cuestión de segundos esta criatura llena de determinación había empujado una silla hasta el árbol y se había trepado. Le detuve en el momento en que estiraba la mano para agarrarlo. Después de controlar la situación y corregir debidamente su desobediencia, saqué el objeto de la tentación y lo puse en lo alto de un armario, hasta que los niños se hubieran ido. Bastante tiempo después entré en la sala para ver que esa misma criatura había arrastrado una silla desde el otro extremo del recinto, y estaba colgada de la punta de los dedos, tratando de sacar el adorno prohibido. Tal fuerza de voluntad se convierte en una característica admirable solo si se la somete a la autoridad y se la orienta hacia metas que sean productivas y beneficiosas.

El niño colérico necesita tener áreas definidas en las pueda ejercer su responsabilidad y su autoridad. Es muy importante que desarrolle ese don natural bajo la mirada atenta y la amante dirección de sus padres. El grado de responsabilidad debe ir creciendo con la edad y con el nivel de desarrollo del niño. El colérico tiene una mente muy activa; se le puede controlar y dirigir mejor cuando se le ubica en posiciones de responsabilidad. Es decir, estaciones de su edad. El colérico tiene la potencialidad para llegar a ser un líder de gran influencia, más que un seguidor de otros.

He visto a un adolescente colérico tomar bajo su responsabilidad y dirección la organización de un banquete colegial. Aceptó el desafío y estuvo a la altura de la situación. Cuando los comités estuvieron seleccionados y organizados, él comenzó a moverse a toda velocidad. Por desdicha, los miembros de la comisión no eran todos coléricos y carecían de igual empuje y fuerza de voluntad. Tuvieron dificultad para trabajar con ese líder por su tendencia a ser exigente y también irrazonable en sus demandas. Cuando los demás le fallaban, ese joven colérico los reprendía duramente y expresaba su opinión acerca de su incapacidad. Terminó por tomar sobre sí las tareas incompletas encargándose del proyecto por él solo. Sin embargo, y pese a la forma en que logró sus objetivos, el resultado final fue un éxito. Lo que necesitaba aprender era cómo guiar y motivar a otros temperamentos para que llevaran su parte de la responsabilidad. Esto solo lo irá sabiendo a medida que tenga más experiencia y madurez.

El hijo colérico debe ser conducido a Cristo alrededor de los doce años, de lo contrario las oportunidades para tomar una decisión posterior se vuelven muy remotas. Es más receptivo a las cosas espirituales a esa edad que después. Esto se debe probablemente a su disposición natural a confiar en sí mismo y a bastarse por sí solo. Después de los años de escuela secundaria su confianza en sí mismo crece en madurez, por lo que rara vez siente la necesidad de un Padre celestial. Su naturaleza se muestra poco inclinada a apoyarse en otros, de forma que le resulta difícil depender del Espíritu Santo para recibir ayuda y dirección. Su lema es: «puedo hacerlo yo mismo».

Mirta y Marcos Melancólicos

Este temperamento puede ser uno de los más ricos en dones y, al mismo tiempo, sufrir de intensa depresión. Dios lo ha provisto de una mentalidad brillante y de la habilidad para ser un pensador profundo y creativo. Su naturaleza sensible y artística es afectada a menudo por su actitud hacia los demás, o por lo que él piensa acerca de la posible actitud de los otros hacia él. Es fácil herir sus sentimientos; suele sentirse inferior y pensar que los demás no lo quieren. Aun cuando pueda poseer mejores talentos que cualquiera de los otros temperamentos, sufre bajo el engaño de su complejo de inferioridad. Los padres de un niño de temperamento melancólico deberían tener especial consideración con este problema. Debido a su naturaleza sensible y su tendencia a la perfección no puede enfrentar la crítica y cae más profundamente en su complejo de inferioridad.

Cuando el pequeño tiene dos años, muestra algo de su temperamento, oscilando de un estado de ánimo a otro sin aparente razón. Los extremos de su espectro temperamental están determinados por su temperamento secundario, tema que trataremos en el capítulo siguiente. Puede sentirse taciturno y callado, disfrutar de su aislamiento, y al rato transformarse en una criatura decidida y agresiva, actuando como un sanguíneo.

Es posible que aprenda a escapar de la realidad viviendo en un mundo imaginario, de fantasía. Si sus padres son sabios, insistirán en traerlo continuamente a la realidad para enfrentar las consecuencias que ello implica. Cuando el pequeño Juanito insiste en decir: «Yo no lo hice, fue Tomacito», y Tomacito es un amigo imaginario, entonces Juanito tendrá que aprender que no puede refugiarse en una fantasía. Tiene que enfrentar la realidad y confesar: «Fui yo». Demasiados juanitos han crecido para seguir achacándoles a los otros sus faltas o desobediencias, en vez de admitir sus propios errores y enfrentar las consecuencias.

Esta criatura tiene un tremendo potencial a su favor, ¡pero necesita muchísima ayuda! Si se le deja solo se volverá cada vez más melancólico, pesimista y autocompasivo. Por suerte, Dios les dio a esos niños padres que puedan enseñarles a tener alegría y gratitud en vez de depresión, una actitud positiva en lugar de una negativa, y un espíritu de alabanza en vez de autocompasión.

Hemos sido testigos de cómo un adolescente melancólico, que tenía la mayoría de los defectos de ese temperamento, se transformó en un rezongón con espíritu crítico. Un día sus padres se dieron cuenta de que tenían que hacer algo y se acercaron a él en espíritu de oración, para hablar con franqueza sobre el problema. La decisión que tomaron para ayudarlo era que ya no le permitirían hablar negativamente ni criticar a otros. Si lo hacía, le llamarían la atención al respecto y tendría que reemplazar sus palabras por alguna afirmación positiva y agradecida. Preferían que aprendiera a permanecer callado si es que no podía decir nada bueno o encomiable sobre algo. Ha sido interesante poder ver el desarrollo de ese muchacho después de unos ocho o diez años. Tiene ahora un nuevo espíritu y parece mucho más feliz.

Una amiga mía recibió varias cartas de su hija que estuvo ausente por unas semanas durante el verano. Habló de ellas conmigo y pude advertir que en las mismas no mencionaba otra cosa que los problemas con los que se enfrentó y algunos contratiempos muy serios que sufrió. Llegué a la conclusión de que la muchacha debía estar pasando un momento terrible y que todas las dificultades existentes le habían tocado a ella. Cuando regresó tuvimos tiempo para pasar un rato juntas y le comenté lo mucho que lamentaba que su experiencia hubiera sido tan desastrosa. Se quedó pasmada ante mi comentario y me informó rápidamente que se había divertido en grande. En sus cartas solo se había detenido para pensar y lamentarse de sus problemas, pero no había mencionado los ratos divertidos que pasaba.

Una actitud negativa es algo en lo que caemos todos casi sin darnos cuenta y ocurre más a menudo cuando somos de corta edad, suficientemente maleables como para poder cambiar.

Aunque el melancólico es el que tiene más talentos, es el último en reconocerlo. Tiene una imagen pobre de sí mismo y alimenta mucho sus sentimientos con derrotismo e ineptitud. Sus padres deberían iniciarlo desde corta edad en el reconocimiento de los dones y habilidades que Dios le ha dado, para entonces, agradecer a Dios por ellos.

Esta criatura suele ponerse metas muy altas para sí misma y entonces, cuando no se cumplen, se deprime enormemente. Si no saca un «excelente» en la prueba, ya cree que no va a poder aprobar el curso, y comienza a desanimarse. Si el modelo de avión que está construyendo no sale mejor que el de la tapa, se convence de que es un fracaso. Cuando los bizcochitos caseros de la niña melancólica no salen como los que hace su mamá, se convence a sí misma de que nunca será capaz de hornear un pastel. Tiende a ser exigente en extremo y todo tiene que ser casi perfecto. Esta inclinación hace que por lo general escriba excelentes trabajos escolares que son no solo interesantes sino muy bien redactados.

Mi hija tenía por compañera a una encantadora melancólica. Esa chica tenía muchos de los puntos fuertes de ese temperamento y, debido a su crecimiento y madurez espiritual, los puntos débiles no eran demasiado pronunciados. Fueron amigas excelentes no solo en la primaria sino también en la escuela secundaria. Otras amigas iban y venían de año a año, pero esta permaneció siendo su amiga leal y sincera. Observé las veces en que su amistad fue puesta a prueba y pude ver cómo más de una vez, cuando amenazaba zozobrar, salía a flote su mutua fidelidad y compañerismo. Una de las características del melancólico es su capacidad de ser un amigo muy leal. Aun ahora, cuando están separadas por 1500 kilómetros, puesto que van a universidades diferentes, se mantienen en contacto frecuente, sea por teléfono, correo electrónico o las redes sociales. No dejo de pensar en la suerte que tiene nuestra hija de contar con una amiga tan admirable y leal.

La persona melancólica suele ser la última de la familia en casarse, sea varón o mujer. Le cuesta encontrar a alguien que llegue a la altura de sus ideales perfeccionistas en relación con su modelo de pareja. Ha habido casos en los que se retractaron de su compromiso matrimonial justo antes de la boda, porque se les vino abajo el ánimo al descubrir que su futuro cónyuge no era perfecto. Es mejor que cambie de opinión antes del casamiento y no después; pero algunas veces lo único que les impidió tomar el camino del altar fue el temor de hacer esta difícil decisión.

Después de comentar extensamente el temperamento de muchos niños melancólicos con sus respectivas madres, llegué a la conclusión de que los padres de esos pequeños melancólicos rara vez concuerdan en cómo deben educarlos. Muchos me han expresado que algunas de las disputas matrimoniales más severas se debieron a la crianza de los hijos y al método para disciplinar al hijo melancólico.

Una madre me contó que después de veintidós años de sólida vida matrimonial, ella y su esposo comenzaron a desarrollar una actitud crítica y antagónica mutua debido a las diferencias que surgían en relación a su hijo melancólico. Ella acusaba a su esposo de ser demasiado duro e insensible ante la tierna disposición del hijo y él sentía que ella lo estaba perjudicando por su actitud sobreprotectora. Cada vez que el esposo quería disciplinarlo sentía que ella se guardaba su desaprobación lo que, a juzgar por su relato, era probablemente cierto. En otras ocasiones ha sido la madre la que manifestaba su dureza y el padre el que actuaba como excesivamente protector. Casi siempre es el padre de temperamento más extrovertido el que suele ser señalado como el duro e insensible con el hijo melancólico. El introvertido, en cambio, se inclinará a tomarlo bajo su ala protectora.

Este temperamento posee, en sus puntos fuertes, la potencialidad para sobresalir por sus dones, por su creatividad y superar al resto de sus compañeros. Pero tiene la posibilidad de que sus puntos débiles lo hagan hundirse por debajo de los demás, debido a su fuerte sentido de inferioridad y pesimismo. De ello podemos deducir que el melancólico es rara vez una criatura promedio, porque posee las más grandes cualidades y las más desastrosas debilidades.

Federico y Francisca Flemáticos

La criatura más agradable para criar puede ser la que tenga un temperamento predominantemente flemático, tan solo porque posee una disposición tierna, agradable y plácida. Suele ser un bebé fácil de conformar y se siente feliz con solo estar acostado en su cunita, mirando las cuatro paredes de la habitación. No demanda la atención ni el tiempo de su madre, ni termina despertando en ella sentimientos de culpabilidad por haberse aprovechado de su tranquilidad y no haberle dedicado el tiempo necesario para mimarlo y jugar con él.

A medida que pasa de la infancia a la primera etapa de su niñez, suele retrasarse para hablar, no porque carezca de inteligencia sino porque no es expresivo y suele mantenerse como espectador. Este es especialmente el caso cuando advierte que hay otro que hable en lugar de él. Su lema es: «¿Por qué extralimitar mis energías?»

Hace poco le pregunté a mi pequeño nieto flemático cómo se llamaba su perrito. Para el tiempo en que tenía la boca lista para pronunciar la respuesta, mi nieta colérica ya había respondido por él y estaba en otra cosa.

Suele ser muy lento para comer y a veces se complace en acomodar la comida del plato. A diferencia del sanguíneo, que le gusta comer, si es que para de hablar el tiempo suficiente, el flemático no suele darle mucha importancia a la comida, a menos que se trate de algo que realmente le gusta.

Un padre me contaba la anécdota de una ocasión en que su hijo flemático estaba disfrutando de su cena con mucha lentitud. Al comienzo de la comida se habían colocado los platos de postre a cada lado de los comensales. El pequeño flemático había perdido tanto tiempo dando vueltas con cada bocado que, como de costumbre, fue el último en terminar. Cuando acabó su plato, creyendo que había terminado, dejó la mesa. No fue hasta el día siguiente que recordó que no se había comido el postre, pero que este tampoco había quedado sobre la mesa. Su hermanito sanguíneo luego confesó que había sido él quien sacó el postre mientras su hermanito no observaba y que, después de esperar largo tiempo para ver si se daba cuenta que había desaparecido, decidió finalmente comérselo. ¡Eso es suficiente para hacer que un flemático lento coma como un entusiasmado sanguíneo!

Debido a que este temperamento es introvertido, no demuestra fácilmente sus debilidades, particularmente mientras es pequeño. Dado que su mayor problema es la falta de motivación, es posible que este aspecto de su personalidad pase inadvertido en sus primeros años. Aunque, por supuesto, se evidencia en sus tentativas de ignorar la orden de guardar los juguetes, de colgar su pijama o de secar los platos.

Otro punto débil que molesta al flemático es su mezquindad y su egoísmo. A la mayoría de los niños les cuesta compartir sus juguetes con otros, pero el flemático suele no superar esa etapa. Mientras otros temperamentos comienzan a compartir y a ser generosos, aun en su temprana edad, a él se le puede ver todavía recoger sus pertenencias bajo el brazo y mantener la protección y el control de ellas.

Una vez me invitaron a un hogar en donde había tres criaturas cuyas edades oscilaban entre los tres y los seis años. También estaba invitada otra pareja, que venía con dos niños de esa edad aproximadamente. Los tres hermanitos estaban jugando muy felices con una caja de armar casitas sobre el piso de la sala, cuando sonó el timbre. Alguien anunció que acababa de llegar la pareja con sus dos hijos. Pude observar cómo la pequeña sanguínea de tres años recogía todos los juguetes que podía abarcar con sus dos manos y salía corriendo para compartirlos con los niños que llegaban de visita. Mientras tanto el flemático de cuatro años comenzó a recoger los juguetes que quedaban a su alrededor para llenarse los bolsillos y colocar los otros debajo de su suéter. Para el tiempo en que las visitas habían entrado en la sala, allí estaba él de pie con sus bolsillos inflados, su suéter convertido en una bolsa, con todo el aspecto de un osito de peluche a punto de explotar. Era evidente que no pensaba compartir nada con esos «intrusos».

El flemático es el niño que se porta mejor cuando se le lleva a comer a un restaurante. Aunque no pueda comer muy bien por sí solo, será capaz de entretenerse mirando lo que hagan los otros a su alrededor. Lo mismo sucede cuando se le lleva a un servicio religioso. No todas las iglesias tienen secciones para madres con niños pequeños. No hace mucho estaba sentada atrás, durante un servicio, y observaba delante de mí a una pareja con dos hijos. Uno de ellos, que evidentemente era colérico-sanguíneo, mantuvo todo el tiempo a sus padres al borde del asiento, demandando el máximo de atención durante el servicio. Al final, agotada la paciencia, su madre lo levantó y lo sacó por la puerta trasera. Al pasar, pude percibir una chispa en la mirada del niño, que parecía decir a las claras: «¡Por fin me sacan!»

En el mismo asiento estaba sentada otra pareja con una criatura más o menos de la misma edad. La pequeña estuvo sentada todo el tiempo en las rodillas de su padre totalmente entretenida mirando un cepillo. Observaba con atención cada cerda del cepillo y luego se cepillaba el cabello cuidadosamente desde todos los ángulos. Sus padres pudieron escuchar el sermón cómodos y prestaron escasa o ninguna atención a la criatura. ¿Cuál era la diferencia? Que una criatura era decididamente una plácida flemática mientras que la otra era una colérica activa y resuelta.

Uno de los grandes placeres del flemático es lograr hacerle bromas a alguien con éxito. Su bromear puede ser un pasatiempo satisfactorio o puede ser una manera de desquitarse de alguien que le produce enojo. Su estrategia es bromear el tiempo suficiente como para que la persona que lo ha enojado al fin estalle o se rinda. También disfrutan haciendo bromas por el simple placer de hacerlas. Nuestro hijo sabía que su hermanita se asustaba con facilidad. Nada lo divertía tanto como entrar calladamente en el lavadero en donde su hermanita no podía oírlo por el ruido de la máquina de lavar. Se ponía justo a sus espaldas y luego daba un alarido. Eso hacía que ella casi saltara hasta el techo y más de una vez lloró de terror. Ahora lo recuerdan con una sonrisa, pero años atrás esas bromas constituían un verdadero tormento para mi hija.

A medida que el temperamento flemático se desarrolla y entra en la pubertad, es posible que termine desvinculándose de su grupo y de las actividades que lo beneficiarían social y espiritualmente. Necesita que se le anime a ser participante, no solo espectador. Tiene mucho que ofrecerle a la sociedad pero es probable que necesite un empujoncito para llegar a asumir un compromiso. Es muy importante que aprenda lo que es la responsabilidad en sus años formativos, de modo que pueda adquirir autonomía cuando llegue a la madurez.

4

Doce combinaciones del temperamento infantil

Después de leer el capítulo anterior tal vez el lector encuentre un tanto difícil identificar el temperamento de sus hijos. Eso se debe a que no hay nadie que encaje a la perfección en la descripción de un temperamento exclusivo. Todos somos una mezcla de por lo menos dos. Por esa razón es que en este capítulo nos ocuparemos de analizar los doce tipos más comunes entre las combinaciones de temperamentos. A la mayoría de los padres les resultará más fácil identificar a sus hijos con una de las doce combinaciones que con uno solo de los cuatro temperamentos básicos.

No todas las combinaciones, por cierto, se dan en la misma proporción. La criatura que es 75% sanguínea y 25% colérica (a la que llamaremos «San-Col») será muy diferente de la criatura que sea 80% colérica y 20% sanguínea (Col-San). Al analizar los temperamentos en las páginas que siguen he adoptado la proporción de 60% para el temperamento básico y 40% para el secundario. En un solo capítulo me sería imposible enumerar todas las combinaciones latentes que existen entre los porcentajes posibles de las doce combinaciones de temperamentos, pero una breve reflexión acerca de la combinación 60-40 nos dará alguna idea en cuanto a cuáles son esas inclinaciones básicas. Esta información adicional debería capacitar al lector para llevar a cabo por sí mismo cualquier otro análisis de otras proporciones.

San-Col

Dado que estos dos temperamentos poseen mucha iniciativa, juntos hacen un matiz fuertemente extrovertido. El entusiasmo del sanguíneo, combinado con el empuje y la fuerza de carácter del colérico, causa una persona más productiva que una que es absolutamente sanguínea. La influencia del colérico le da un poco más de determinación que la que tendría por lo general. No importa qué esté haciendo un San-Col, lo hace con energía y entusiasmo. Si no es una actividad entusiasta, él persistirá hasta que la consiga.

Le gustan los deportes, pero para participar en ellos; no para permanecer como observador. Si no tiene la fortuna de ser participante de algún equipo, será el espectador más ruidoso de la tribuna. La chica que no haya podido formar parte del equipo integrará un grupo de animadoras, o un grupo de entrenamiento, o un cuerpo de abanderados, o cualquier actividad en la que pueda entrar con toda su carga de entusiasmo.

El San-Col es extremadamente charlatán y casi siempre dice y comenta más de lo que debe. No solo en referencia a sí mismo sino a veces en cuanto a sus parientes y amigos. Por su persistente conversación, por lo general revela sus puntos débiles; le iría mejor si se cuidara de hablar tanto. En la escuela cuenta todo lo que sucede en la casa. No es extraño que cuando la maestra conoce a sus padres, los observe como si esperara que tuvieran dos cabezas. La mayoría de las veces, el niño habla antes de pensar y, no importa cuál sea el tema, lo hace como si fuera una autoridad. Esta criatura franca tiene un yo gigantesco. Por ello es que termina no llevándose bien, después de períodos largos, con otros de su misma edad. Si presiente que los otros chicos lo resisten, se pondrá más autoritario, provocando mayor resistencia en ellos. Se comporta como el miembro encantador y divertido del grupo o bien, cuando se siente amenazado, como un odioso inaguantable.

Uno de los problemas más agudos con los que se debe enfrentar el San-Col es su enojo. Cuando algo le molesta, su furia sale a flote o emerge de inmediato y explota sin miramientos. Puede advertirse cuando no siente respeto por algo, lo delata su boca.

Aunque el San-Col se arrepiente con prontitud, es importante enseñarle que no puede desafiar a sus padres y «desahogarse» por algo un instante para luego, al siguiente, pedir perdón rápidamente con el fin de evitar el castigo merecido. Es un artista en eso de embaucar, puede ir de la furia a las lágrimas de contrición en pocos segundos. Debe aprender que un arrepentimiento fácil no es lo mismo que un cambio radical de la conducta.

Cuando hay que castigar a un San-Col suele ser más beneficioso obligarlo a quedarse en su habitación que darle una paliza. Como son tan activos, prefieren recibir de una vez la paliza y librarse de las consecuencias, para poder salir a jugar otra vez.

Los padres del San-Col deben ayudar a que ese hijo sepa enfrentar sus errores y sus faltas con responsabilidad. Necesita saber que tener en consideración a los demás debe anteceder a la satisfacción de sus propios intereses y metas; y que las circunstancias de la vida no siempre van a girar a su derredor. Casi siempre sus arranques de ira surgen por no haber podido salirse con la suya y la mejor manera de ayudarlo es no ceder a su insistencia, ni tampoco permanecer pendiente de sus arranques de mal humor. Desde su más tierna edad, los padres deben ayudarlo a desarrollar hábitos de perseverancia, autodisciplina, así como también a ser consecuente. De otro modo desperdiciará sus muchas habilidades a medida que crezca.

Tal vez su necesidad principal sea aprender a terminar lo que comienza. El sanguíneo tiene la habilidad de empezar más cosas que las que puede terminar. El tener un poco de sangre colérica lo puede ayudar en este aspecto; de todos modos aún es preciso enseñarle a no tratar de abarcar más de lo que pueda terminar. Más de un sanguíneo se entusiasma lo suficientemente con la idea de ser boy scout como para que le compren el uniforme, pero pierde interés cuando le toca cumplir con las obligaciones requeridas para obtener los galones.

Es preciso iniciarlo a muy temprana edad en hábitos de disciplina. Cuando el pequeño saca una caja de juguetes no se le debe permitir empezar a jugar con otra cosa antes que recoja y ponga en su lugar los que sacó previamente. Es probable que el padre tenga que hacerlo los primeros años, pero es preciso que la criatura por lo menos acompañe de cerca el proceso. Mucho más importante que mantener la casa en orden es la tarea que les corresponde a los padres en la formación del arte de la autodisciplina.

San-Mel

El San-Mel es sumamente emocional, fluctúa drásticamente entre un mar de lágrimas y una risa histérica. Suele llorar o reír a la par de sus amigos de acuerdo a la situación. En efecto, puede estar llorando un instante y luego, sin razón aparente, empezar a reírse de sí mismo o viceversa. Estos niños son capaces de experimentar un genuino dolor por la ofensa de otros compañeros. También muestran dolor por la muerte de alguna mascota o de cualquier animal.

Son muy aptos para actuar, hablar en público y ejecutar instrumentos. Debido a su disposición sociable es probable que busquen actividades en las que puedan tener público. Una pequeña San-Mel estaba tan deseosa de actuar que se fabricó un escenario y puso unos cuantos bancos al frente para sus actuaciones durante la semana. Los sanguíneos siempre son actores natos en busca de un escenario donde actuar.

Tanto los sanguíneos como los melancólicos son soñadores; mientras predomine el impulso sanguíneo los sueños serán optimistas, a todo color y con sonido estereofónico, pero cuando la influencia melancólica imprime un sesgo pesimista, sus sueños se vuelven blanco y negro, y comienzan a desintegrarse. Empiezan a sentir que no pueden hacer nada bien y se resiente su imagen de sí mismos. Sus estados de ánimo oscilan entre alturas exuberantes y profundas depresiones.

El sanguíneo tiene problemas con sus estados de ánimo y el melancólico con sus temores. Por esa razón el San-Mel suele tener problemas tanto de miedo como de temperamento. Eso le produce inseguridad, por lo que necesita estar rodeado de gente que lo quiera y lo acepte como es. Es de suma importancia para él que los demás lo vean con agrado y piensen bien de él. Necesita que se le asegure repetidamente tanto el amor como la aprobación paterna.

Este temperamento tiene inclinaciones por lo estético, por lo que debiera encaminársele desde pequeño, ofreciéndole la posibilidad de cursar estudios artísticos (como la música). Muchos de ellos empiezan a tomar lecciones y luego, después de haber logrado convencer a sus padres para interrumpir los estudios por alguna razón, se han arrepentido al hacerse mayores. De todas las combinaciones de temperamentos, el San-Mel es la que posee más aptitudes para actuar sin inhibiciones y un «oído» natural para la música. Si se le estimula a estudiar mientras es pequeño y se le dirige tanto a crear como a desarrollar hábitos de autodisciplina, luego tendrá la oportunidad de servir al Señor con excelencia. El San-Mel suele tener mucha capacidad y talento; pero puede no llegar nunca a usar su potencial completo porque sus padres no lograron enseñarle la importancia de la autodisciplina para alcanzar metas. Necesita esforzarse para llegar a ser un vencedor.

Estos niños suelen inventar mentiras fantásticas. No se conforman con decir solo la «mentirillas piadosas». Cuando quieren decir alguna mentira, son tan extravagantes que obviamente no son reales. Como la criatura que le negaba a su madre que él hubiera roto el vidrio de la ventana, a pesar de que no había nadie más que él en el patio y que tenía un bate en la mano. También tiene la destreza para ser un excelente «embaucador» y deslizarse hábilmente para eludir cualquier situación con ayuda de su charla, sobre todo ante el peligro de ser castigado. Este es el hijo que trata nerviosamente de convencer a la madre de que no debe pegarle en el momento preciso en que ella le está dando con la paleta en el sitio elegido. También tiene habilidad para hacer que su padre se sienta culpable de haberle aplicado el castigo que se merecía.

El San-Mel será un sujeto sociable y activo. Sus amigos le tendrán afecto y no se hará odioso como el San-Col. Sin embargo, es más perfeccionista que este y puede llegar a distanciar a la gente por su crítica verbal. Debe desarrollar comprensión con los demás y una actitud paciente para con los que tienen menos habilidades que él. Tiene una mente ágil como también poder de retención, por lo que conviene disciplinarlo para que estudie desde pequeño.

Al enseñarle autodisciplina, este niño podrá convertirse en un verdadero discípulo de Jesucristo, puesto que tiene una disposición sensible hacia los valores espirituales, que suele despertarse en él a una temprana edad, si es que ha sido criado en un hogar cristiano. Es posible que triunfe en el campo de las ciencias sociales, las matemáticas o la música, si es que se le enseñó a terminar las cosas en vez de abandonarlas a mitad de camino.

San-Flem

Las criaturas más agradables para criar son las San-Flem, siempre que no se les permita desarrollar sus debilidades. Son pequeños que suelen ser encantadores, afectuosos, siempre de buen humor y que rara vez causan problemas. Al igual que otros sanguíneos, lo que quieren lo quieren en seguida, pero no se molestan mucho si no lo obtienen. El tiempo en que retienen el interés o mantienen el enfoque es extremadamente breve, por lo que se distraen con suma facilidad con los sonidos o los movimientos, particularmente si tienen algo que ver con personas o actividades. Se encariñan con sus animales y suelen querer dormir con sus mascotas. Un pequeño San-Flem de dos años que vio correr las lágrimas por las mejillas de una de mis amigas, se subió a su falda y le dijo: «Tía Shirley, déjame que te seque las lágrimas», y procedió a hacerlo. Por naturaleza son cariñosos con las personas de cualquier edad.

El San-Flem combina la franca extroversión del sanguíneo con el sagaz buen humor de los flemáticos. Por eso suelen ser buenos cómicos, les encanta hacer reír a los demás. Un vendedor hizo el siguiente comentario, luego de probarle un traje a un niño de cinco años: «Apuesto que este chico los hace divertir a todos». Casi siempre es así si se les brinda suficiente cariño. Aunque es una criatura atractiva, el San-Flem no es perfecto. A pesar de su encanto natural y de su disposición sociable, lo que puede arruinarlo en la vida es la falta de disciplina del sanguíneo y la falta de motivación del flemático. Si usted tiene uno de estos hijos amantes de la alegría, no deje que su «carisma» ni sus ojos grandes y transparentes lo cieguen ante la necesidad de enseñarle a una temprana edad a ser constantes.

Nadie mejor que el San-Flem puede dejar un salón en un desorden calamitoso. Una vez el padre de una adolescente de este tipo entró una mañana a despertarla, para hallar que la ropa de fiesta que había usado la noche anterior estaba en el suelo, exactamente donde cayó al quitársela. Cuando abrió la puerta del ropero para colgarle la ropa, descubrió —con enojo— treinta y ocho artículos de vestir tirados en el piso. De todos los tipos, este es al que menos le aflige el futuro o le preocupa el pasado. En efecto, suele serle difícil recordar acontecimientos pasados. La madre pronto descubrirá que a este niño deberá castigarlo repetidas veces por las mismas desobediencias.

No le es fácil a un San-Flem desarrollar buenos hábitos de estudio ni tampoco buenas prácticas devocionales. Aunque tiene buenas intenciones, suele hacer grandes y fervorosas promesas para mejorar; pero rara vez las cumple, a menos que sus padres hayan usado los primeros años de su vida para enseñarle autocontrol y disciplina. Si tiene una maestra que le cae bien es probable que rinda más en esa materia, pero no así en las otras. Es mejor que un San-Flem estudie en una habitación en la que no haya cuadros o cosas que lo distraigan, de lo contrario no será capaz de concentrarse.

Los niños sanguíneos, por lo general, tienen problemas con el aumento de peso; el San-Flem es quizás el que lo sufre con más frecuencia. Casi siempre han transformado su buen físico de nacimiento en un cuerpo rechoncho a la edad de diez años, por lo que se puede pronosticar un aumento progresivo de peso (entre un 2% y un 5%) cada año que pase, a menos que sus padres le ayuden a aprender a alimentarse de modo apropiado. Algunos chicos, y sus padres, usan la excusa de que «tienen la tendencia a ganar peso» o que «no queman las calorías con la misma facilidad que otros». Pero la verdad de la cuestión es simplemente que tienen malos hábitos de comida: comen demasiado rápido, comen lo que no deben y comen entre comidas.

Los padres deberían ayudar a estos chicos desde pequeños a comer frutas y a disfrutar de las verduras; a restringir el consumo de pan y a eliminar los bocados entre comidas y antes de acostarse. Y, sobre todo, mantener al mínimo cosas como dulces, rosetas de maíz y helados. Los San-Flem tienen un gusto insaciable por las golosinas. Es más fácil corregir este problema cuando son pequeños que ya grandes. No hace mucho estuvimos en la casa de unos misioneros cuyo encantador San-Flem de diez años me cayó muy simpático. Mientras lo observaba advertí que, a espaldas de su madre, se llenaba la boca con todos los caramelos que pudo sacar de un frasco; tenía unos seis o siete kilos de exceso.

El problema del control de peso, a menos que haya alguna cuestión orgánica, es uno de autocontrol y autodisciplina. En vez de manifestar verbalmente su descontento con el hecho de que un hijo es obeso, los padres deberían ayudarle a controlar su apetito. Eso lo ayudará a tener autocontrol en otras áreas de su vida. Hemos visto el caso de más de un San-Flem cuyas vidas se transformaron enteramente en patrones productivos una vez que lograron superar su problema de obesidad.

El principal problema para ayudar a un hijo a adquirir control sobre el peso es darle un buen ejemplo, de lo contrario toda la enseñanza se viene abajo. Una compungida madre, que tenía casi treinta kilos de más, reconocía sus propios malos hábitos de alimentación en el estilo de vida de su pequeña obesa de siete años de edad. A la señora le asustaba que se cumpliera el refrán «de tal palo tal astilla».

Col-San

El niño que es 60% colérico y 40% sanguíneo no es difícil de detectar. Es extrovertido, pero no al extremo de su contrapartida, el San-Col. Pero es intensamente activo y se le nota cuando anda por allí. (Cuidado con confundirse por los patrones de actividad de estas cuatro combinaciones de temperamento durante los primeros años de vida, ya que son todos igualmente activos.) Lo que distingue al Col-San es su determinación, su fuerza de voluntad (en algunos casos testarudez), su independencia, su autosuficiencia y su laboriosidad. Suele tener solo dos velocidades: totalmente despierto y completamente dormido. Si se logra inclinar su fuerte voluntad, desde temprano, para someterla a la autoridad paterna y se le enseña a respetar a los demás, se convertirá en una criatura más agradable.

Este pequeño tiene el encanto necesario para convencer, particularmente a sus padres, de la conveniencia de cualquier cosa con tal de salirse con la suya. Se puede tener la seguridad de que, con tal de hacer lo que quiere, se valdrá de toda suerte de artimañas. No es raro que comience por usar su encanto y termine con un arranque de enojo si falla aquel. Los Col-San son locuaces y suelen discutir con sus padres desde que tienen corta edad. En efecto, no pueden resistir la tentación de ser los que se queden con la última palabra; la que suele ser muchas veces la razón por la cual terminan castigados. Su tendencia a justificar sus acciones, sean correctas o no, es lo que alimenta su pronta respuesta acerca de por qué una determinada regla no es aplicable a ellos.

El Col-San gusta de los deportes escolares y suele participar en ellos. Si no tiene la suerte de formar parte de un equipo, será uno de los que andará alrededor de la cancha, pateando una pelota. Rara vez es un buen espectador. Le encanta la competencia y estar en plena acción. Uno de sus problemas juveniles es llegar a casa temprano. Prefiere llegar tarde y ser castigado (si es que no consigue convencer a sus padres de lo contrario) que dejar la cancha antes que los demás. Son muy buenos discutidores y su capacidad argumentativa se deja ver apenas pueden juntar tres palabras.

Una de las características de los Col-San es que son empecinados y quieren dar su opinión antes de pesar bien los hechos, lo cual los obliga a discutir tercamente para salir de la situación. Casi siempre tienen un humor irritable; tanto las chicas como los muchachos no titubean para enredarse en una pelea. Un Col-San que iba a estudiar su cuarto grado debió trasladarse a otra escuela; estando allí, el «guapetón» del curso lo desafió a pelear. Como sus fuerzas eran parejas siguieron peleando hasta que los dos se cansaron tanto que tuvieron que dejar el final para el día siguiente. Así siguieron por cinco tardes consecutivas. Por último, los dos Col-San se hicieron íntimos amigos.

El Col-San no suele interesarse por el estudio, persigue intereses más activos. Debe ser guiado a fin de que aprenda a usar su fuerte voluntad para controlar su mal humor, hablar respetuosamente, no interrumpir a los demás, hacer sus tareas y obligaciones, ser considerado con personas de menos empuje, y evitar el uso del sarcasmo. Es el más afectuoso de los tres matices coléricos pero, aun así, raciona los besos como si estuvieran escasos. Es de extrema importancia que se le guíe a Cristo y se le enseñe la importancia de obedecer a Dios temprano. Todos los niños deberían memorizar las Escrituras entre los 8 y los 10 años, edad en que la memoria es más sensible, pero lo que el Col-San necesita más es fortalecer su mente para aquellos años futuros en que sentirá la inclinación a hacer su propia voluntad antes que obedecer la voluntad de Dios.

Col-Mel

El Col-Mel no solo es activo y produce mucho, sino que suele tener una mente brillante. Muchas madres tienden a desilusionarse por el hecho de que no es cariñoso, sino que es tan independiente que solo prodiga afecto cuando se siente de humor para hacerlo. Los padres suelen no estar preparados para recibir el rechazo de sus hijas Col-Mel, por lo que tienden a apartarse emocionalmente de ellas. Sería más beneficioso si el padre aceptara a la criatura con sus escasas manifestaciones de afecto, tal como ella se lo brinda, y tuviera el cuidado de retribuirle afecto siempre que ella manifieste esos estados de ánimo.

Estos niños pueden aprender a amar, pero lleva tiempo enseñarles. Los Col-Mel pueden ser peleadores, traviesos, atrevidos y sarcásticos. Combinan la característica de ser difíciles de complacer (de los coléricos) con el perfeccionismo de los melancólicos. Su manera de hablar es una fatal evidencia de su rebeldía; necesitan aprender a usar la boca con bondad. Proverbios 13.3 dice: «El que refrena su lengua protege su vida, pero el ligero de labios provoca su ruina». Requiere un prolongado entrenamiento enseñarles a decir «por favor» y «gracias». Una niñita Col-Mel se rehusó a decir por favor, aunque su papá se negó a darle un helado como a los demás hasta que lo dijera. Cuando llegó a su casa agravó la situación sumando autoconmiseración a su testarudez y verbalizándola tan ruidosamente que bien se merecía la paliza que recibió.

Ningún temperamento es tan independiente como el Col-Mel. Una vez vi a un niño rehusarse a que su abuelo lo ayudara a atarse los zapatos, diciendo: «Puedo hacerlo yo mismo». No era cierto, pero estaba dispuesto a probar, a pesar del hecho de que no sabía hacerlo. En la escuela los Col-Mel suelen andar bien, si es que se les logra inculcar buenos hábitos de estudio y se consigue un equilibrio entre su insaciable afán deportivo y su necesidad de estudio. Estos niños suelen llegar a un momento en su vida en que no desean ir más a la iglesia. El padre sabio sabrá aprovechar esta crisis para sujetar su voluntad rebelde y al mismo tiempo evitar el problema de que el hijo haga amistades fuera de la iglesia. (Aunque a decir verdad, ese problema debería resolverse mucho antes de que el niño llegue a la adolescencia.)

Los procesos mentales secretos de un Col-Mel pueden ser muy peligrosos. Es propenso a enojarse, lo que sumado a la tendencia a la venganza y la autopersecución del melancólico, hace que exagere las ofensas, los insultos y los problemas. Criar un Col-Mel puede ser una experiencia desafiante, porque nunca es aburrido. Si el padre del mismo sexo se toma el tiempo para conocer a su hijo y ser su amigo, le irá muy bien en la vida, siempre que su voluntad y su autodeterminación apunten al control de su lengua, de su mal humor y de su actitud sarcástica.

Col-Flem

El Col-Flem es una interesante combinación de calidez y frialdad, lo que le otorga una temperatura moderada. Es el menos emprendedor de los extrovertidos y el menos propenso a ir imprudentemente por mal camino, porque es más cuidadoso y organizado en lo que hace. Una vez que se propone un plan, no está tranquilo hasta que lo termina. No es difícil enseñarle a este niño la responsabilidad de una pequeña tarea. Suele ser confiable y trabajador; además, puede ser una criatura ideal para criar, si es que no desarrolla una actitud de latente animosidad interna.

Este niño ofrece una interesante combinación de la decidida terquedad colérica con la obstinación del flemático. En consecuencia, resulta sumamente difícil hacerlo cambiar de idea una vez que se propone algo. Como los otros dos coléricos, le resulta muy difícil admitir que está equivocado, y no suele arrepentirse con demasiada prontitud. Cuando juega, le cuesta reconocer que ha hecho alguna infracción si el árbitro se lo señala (es el árbitro el qué está equivocado). No solo debe enseñársele cuando niño a asumir la responsabilidad de sus propias faltas, sino a pedir disculpas cuando haya ofendido.

El Col-Flem es un maestro en lograr que otros chicos se metan en travesuras sin comprometerse él. Aunque es menos propenso a explotar verbalmente contra otros y hacerlos jirones con su sarcasmo, como hacen los otros coléricos, puede usar su humor flemático para hacerlo con disimulo. Él o ella pueden ser los más hábiles promotores de discordia en la cuadra. Como todos aquellos que tienen temperamentos predominantemente coléricos, debieran ser conducidos a Cristo antes de cumplir los doce años, o puede que nunca sienta ningún interés en las cosas espirituales. Estos niños necesitan mucho amor y sólida disciplina en el hogar. Suelen ser mezquinos con sus juguetes, se les debe enseñar desde una temprana edad a compartirlos con los demás.

Mel-San

Los seis temperamentos que hemos analizado hasta ahora son predominantemente extrovertidos. Ahora veremos los temperamentos más bien introvertidos. Es natural que se encuentren ciertas semejanzas entre ellos, solo que algunas de sus características aparecerán en orden inverso.

Ninguno tiene carga emocional tan intensa como el Mel-San. Tiene capacidad para ir de las carcajadas a los sollozos en un instante. Por naturaleza es inseguro e inclinado a sentir temor y sensación de culpa, de modo que necesita una gran medida de amor y apoyo de los demás.

Los Mel-San son a menudo talentosos y sobresalen en pruebas de inteligencia, en creatividad, en arte, en música, en ciencia y aun en todas esas cosas a la vez. Aunque parezca extraño, suelen tener un problema muy real en cuanto a aceptarse a sí mismos, a pesar de sus muchos talentos. Si se los somete a la crítica o se los rechaza, no es raro que terminen desperdiciando su asombroso potencial. La auto-compasión es un peligroso hábito mental al que son particularmente vulnerables, al punto de convencerse de que sus padres aman a sus hermanos y hermanas más que a ellos.

Los Mel-San no son fáciles de criar, porque a veces uno de los padres suele advertir el descontento y la actitud crítica del niño hacia él, aun cuando no lo exprese en forma verbal. Los padres deben recordar que este niño suele ser crítico de sí mismo como de los demás. Una cosa que se le debe enseñar a una temprana edad es que rezongar y criticar son cosas indeseables en el hogar. Tiene mucha sensibilidad hacia las cosas espirituales, así que si sus padres le enseñan en su tierna edad a orar dando gracias y rechazan su tentación a ser crítico, pueden transformar tanto su personalidad como sus frecuentes cambios de humor y su actitud mental.

A menos que tengan dones atléticos, requerirá más tiempo de lo común lograr que aprendan alguna habilidad deportiva. No se les debe permitir que abandonen un deporte, a pesar de que les cueste practicarlo. Cuando descubran su inclinación particular hacia el arte o la música, es conveniente buscarles alguien que pueda ayudarlos profesionalmente a sobresalir, no solo para su propia autoaceptación sino para que Dios pueda servirse mejor de sus talentos.

Este niño puede tender a ser antisociable, por eso se le debe estimular a hacerse de amigos y mantener amistad con otros. Es particularmente necesario lograr que entre en actividades colectivas: grupos de iglesia, coros, bandas musicales o equipos deportivos. No es de sorprenderse si llega a la casa diciendo: «No tengo ningún amigo; nadie me quiere». Es el natural Juanito solitario al que se le debe enseñar a jugar con otros chicos, aunque diga que no le gusta. Si usted es padre de un Mel-San, piense que Dios le dio un diamante para que usted lo pula. Empiece temprano, sea consecuente, comprensivo, amoroso y luego podrá verlo brillar como las estrellas, porque tiene una gran calidad para servir a Dios.

Mel-Col

El hijo Mel-Col es como arcilla en manos del alfarero. Los padres pueden hacer de él una persona capaz y con actitudes positivas; o pueden acentuar sus sentimientos negativos hasta hacer que su potencial superior a lo normal termine por neutralizarse. Cuando son muy pequeños suelen ser más fastidiosos que otros temperamentos, exigen más de sus padres y también se mantienen más apegados a ellos. No es raro que sean llorones, egoístas y difíciles de manejar. Por esa razón puede que, en apariencia, sean menos capaces de ganarse el amor de los demás; pero los padres que pusieron mucho empeño en quererlos descubrieron que valía la pena el resultado obtenido.

El Mel-Col no es tan temperamental como el Mel-San, pero su inclinación colérica hará que sus períodos de mal humor le duren más tiempo. Pareciera empecinarse en no ceder en nada, ni siquiera en su mal humor. Es una criatura que casi no se lleva bien con los demás niños, tiende a ser egoísta, y no quiere compartir sus juguetes, su habitación ni sus efectos personales. Suele sentir que el resto de los chicos está en contra de él, y a menudo se refugia en la soledad de su cuarto, para rumiar sus quejas. Puede ser hostil (aunque no llegue a expresarlo), y a los tres años, o antes, tratará de oponerse a lo que se le ordene hacer y a la forma en que se quiere que lo haga.

Después de una paliza estará resentido por un buen rato y culpará a sus padres, más bien que reconocer que él mismo cometió alguna falta. Es capaz de hacerse una autocrítica, pero no acepta que los demás lo critiquen. Aunque el elemento colérico está en un orden secundario, su presencia en esta combinación temperamental con frecuencia da lugar a inclinaciones pesimistas. Cuando crezca y sea adulto insistirá en que su manera negativa de ver las cosas no es sino «ser simplemente realista». Con ese estado de ánimo es muy probable que haga una montaña de una insignificancia y se niegue a asumir una tarea o proyecto, a pesar de estar dentro de sus posibilidades.

No hay peligro en exagerar las posibilidades de éxito que tienen estos niños. Observe cuidadosamente cuáles son sus áreas talentosas y luego proporcióneles la ayuda necesaria para desarrollarlas. Cuando hayan hecho algo bien, bríndeles mucha aprobación para que sigan adelante. Su confianza en sí mismos crecerá poco a poco y progresarán con rapidez en ese campo. Lo que va a ser necesario cuidar después, es que no se limiten a hacer repetidamente aquello que saben, de modo que rehúyan aventurarse en otras áreas para aprender cosas nuevas. Lo que tienen a su favor es que suelen ser estudiantes muy capaces.

Los hábitos de trabajo de un Mel-Col nunca son ordenados, aun cuando es un perfeccionista por naturaleza. Por esa razón es preciso acostumbrarlo desde muy pequeño a mantener su alcoba arreglada y a guardar sus juguetes. Al igual que el Mel-San, es probable que tenga un espíritu crítico. Si se le deja acentuar, terminará por evidenciarlo en su rostro; por el contrario, si se le enseña el don de una «vida agradecida» (1 Tesalonicenses 5.18), es probable que su semblante se vuelva más alegre. «El corazón alegre se refleja en el rostro» (Proverbios 15.13a).

Cada éxito que obtenga en su temprana edad hará que le resulte más fácil conseguir otros, lo cual irá liberando su enorme potencial. Mirándolo a través de los lentes rosados de ese futuro que puede ser suyo, por la gracia de Dios, y por medio del estímulo cariñoso para hacer que intente las cosas que automáticamente rechaza como «demasiado difíciles», usted habrá ayudado a que desarrolle una imagen de sí mismo que le permitirá posicionarse con más comodidad en la sociedad y hallar un puesto de servicio satisfactorio para Dios.

Mel-Flem

Si su hijo es un Mel-Flem, puede que tenga un pequeño genio en potencia entre manos. No será tan hostil como los dos melancólicos que mencionamos anteriormente. O se llevará bien con otros niños o no jugará en absoluto con ellos. Tiene inclinación a ser solitario y a disfrutar de su propia compañía. A medida que se hace mayor suele sacar notas brillantes y, si sus padres lo aceptan con cariño tal como es, se convertirá en un hijo del que podrán estar merecidamente orgullosos. Pero deben evitar tratar de meterlo en un molde al que no pertenece. Es normal que sea callado y sumiso, así que no esperen una reacción sanguínea de parte de él.

Todos los chicos melancólicos son sensibles, pero este es el más emotivo de todos. Puede ser emocionalmente «impertinente» desde su más tierna infancia. Lo mejor que se puede hacer es dejarlo ser así y orar para tener paciencia con él. A medida que crezca, se le debe administrar una dosis equilibrada de esa fórmula mágica para criar hijos que consiste en «amor, disciplina, aceptación e instrucción espiritual». No deje que su mirada cargada de doloroso resentimiento le impida castigarlo si se comporta con rebeldía, o si es desafiante o atrevido. Si se le habla con cariño es probable que capte el mensaje de corrección más rápidamente que los otros temperamentos.

A pesar de su temperamento sensible, no deje que su tendencia a la mezquindad prevalezca en él cuando juegue con otros niños. Es egocéntrico y egoísta, de modo que tiene que aprender a jugar con otros y a compartir sus cosas. No se extrañe si es exageradamente consciente de sí mismo. Con el tiempo superará su timidez. A medida que crezca, exíjale que aprenda modales sociales y que sepa hablar con los adultos, tanto como con los de su edad. Suele preferir encerrarse como un ermitaño en su habitación, sobre todo cuando llegan visitantes a casa, pero es conveniente que se le quite esa costumbre o que al menos se retire después de haberles saludado.

Se sienten fácilmente incómodos ante situaciones embarazosas. La hija de un médico amigo nuestro, sumamente sensible, corrió a esconderse en el baño cuando su madre quiso enseñarla a colocarse un corpiño por primera vez. Poco a poco logró aceptar su cuerpo y los cambios en su desarrollo; hoy es una madre y esposa encantadora. Aunque los Mel-Flem necesitan ayuda especial para el desenvolvimiento en el aspecto social, suelen ser buenos alumnos, no dan problemas y tienen un corazón receptivo a la enseñanza espiritual.

Flem-San

El niño Flem-San es el que tiene menos asperezas entre todos los temperamentos. Cuando un flemático tiene un 40% de encanto sanguíneo agregado a su temperamento, puede ser una criatura encantadora. Hablando desde el punto de vista humano, estos niños suelen ser las personas con quienes es más fácil convivir. Como bebés son esa criatura mimosa, feliz y plácida, «la criatura perfecta». Tan perfecta, que puede llegar a cegar a sus padres respecto a sus debilidades. Todos los flemáticos tienen una deficiencia motivacional, a menos que sus padres hayan descubierto esa característica a temprana edad e hicieron algo por corregirla. Ni el flemático ni el sanguíneo son excesivamente decididos, ni tampoco poseen mucho autocontrol, de modo que debe entrenárseles para que sean autodisciplinados en todas las áreas de su vida.

No se les debe permitir que dejen sus juguetes sin guardar por la noche. Hay que enseñarles desde temprano la necesidad de tener su cuarto en orden. Esta criatura es fácil de disciplinar y, por lo general, responde tanto al estímulo de los premios como a la aplicación de los castigos. Todo espíritu de rebelión que posea debería desaparecer antes de cumplir los tres años. ¡No requiere mucho esfuerzo lograrlo! Ayúdelo cariñosamente a curarse de la enfermedad del «no puedo»; es decir, no lo deje usar el «no puedo» como una excusa para no hacer algo, si usted sabe que sí puede, porque de lo contrario lo convertirá en un hábito para toda la vida, que le hará rendir menos de lo que podrían dar sus cualidades.

El Flem-San puede llegar a ser exasperante en la escuela ya que, aun cuando tiene suficiente capacidad, nunca parece usar el máximo de su potencial. Le parece que es demasiado esfuerzo. Posterga todo por naturaleza y más de una vez se olvidará de hacer sus deberes. Es más, su habitual «me olvidé» hará que llegue a la escuela sin sus libros.

A pesar de su amabilidad, puede ser obstinado, mezquino y egoísta. Si no tiene hermanos y hermanas en la familia, le costará aprender a compartir. Los Flem-San son tímidos, apocados y necesitan salir de su caparazón. Un padre austero, criticón y ruidosamente exigente lo hará ensimismarse más para protegerse, y hará que inhibida las pocas tendencias sociales que pudiera tener. Lo mejor que puede hacer un padre es enseñarle a apoyarse en el Señor, haciendo posible que su fe crezca a través de una relación personal con Jesucristo.

Flem-Col

El Flem-Col no es demasiado diferente del Flem-San, excepto que es aun más introvertido. Habrá veces en que se sentirá atemorizado e inseguro. La influencia del temperamento colérico hará que se proponga metas, y que sea el más automotivado de todos los flemáticos, pero nunca llegará a ser superactivo. Esa misma influencia será la causa de que se pueda enojar con facilidad. En efecto, de todos los flemáticos, este es el que más problemas tiene con el mal humor. Aunque se lleva bien con los demás, como sucede con los flemáticos, tiene la inclinación a ser obstinado, egoísta y terco. Eso se refleja, por lo general, cuando juega con otros niños. Cuando termine peleándose con alguien es porque la influencia colérica en él se habrá despertado ante el peligro de que otros jueguen con sus juguetes. Tiende a proteger sus cosas cuidadosamente. Conozco varios Flem-Col adultos que todavía tienen sus trencitos eléctricos guardados y los tienen en perfecto estado.

Sus padres necesitarán ejercer un cariñoso control sobre él, con el fin de que este pequeño Flem-Col aprenda a autocontrolarse en relación a tareas asignadas que debe terminar o en el cumplimiento de sus obligaciones. El mejor momento para empezar es entre los dos y tres años de edad. Tenga cuidado con la televisión, con internet y con las redes sociales. Puede volverse adicto a ellos y vivir en el mundo imaginario que promueven los medios. Cuando lo que le rodea se le torna poco placentero, opta por navegar en lo que ahora llaman el mundo virtual.

Las tendencias pasivas de esta criatura suelen mezclarse con un temor que llega a ahogar toda su curiosidad natural. Es preciso estimularlo a usar la curiosidad desde muy tierna edad. Aunque pueda ser agotador para la paciencia, conviene dejarlo «gatear» por donde se le ocurra. Le servirá para sentir interés por otras cosas más tarde en la vida. Sus padres tendrán que ser los principales motivadores de este niño, ya que, francamente, necesitará toda la motivación que se le pueda brindar. A medida que obtenga logros, sus temores se irán disminuyendo hasta adquirir un tamaño normal.

Flem-Mel

El niño más introvertido de las doce combinaciones de temperamentos es el Flem-Mel. Suele ser más callado que otros chicos de su edad. Su manera de llorar es casi siempre apagada, a menos que algo lo haya lastimado mucho, ya sea en lo físico como en lo emocional. Al igual que los otros flemáticos, rara vez desafía a sus padres, pero es capaz de arrastrar los pies empecinadamente. ¡Nadie le gana en demorarse para guardar sus juguetes! Si se le dejara, estaría durmiendo todo el tiempo. Es preciso estimularlo a que haga valer sus derechos, señalarle tiempo límite para el cumplimiento de sus obligaciones y alentarlo a intentar tareas que están dentro de sus posibilidades.

Si no se le aguijonea mientras todavía es pequeño, terminará siendo miembro del club de los haraganes y tardará siglos para hacer cualquier cosa. Entre su tendencia a tener todo bien organizado antes de empezar a hacer algo, y sus características perfeccionistas, suele tomarse cinco veces más tiempo que los demás chicos para hacer las cosas. Si no se le cura mientras es pequeño acarreará esos hábitos de trabajo hasta la madurez. ¡Le resultará difícil mantenerse mucho tiempo en un mismo empleo! Para la chica Flem-Mel las tareas de la casa le llevarán todo el día, muchas veces a costa de que la familia viva en desorden y a su esposo colérico le sobrevenga un ataque de nervios.

Mientras son jovencitos, los Flem-Mel son temerosos e inseguros; necesitan mucho amor para ayudarlos a llegar a aceptarse a sí mismos. Aquel niño que se siente rechazado por sus padres tendrá gran dificultad en aceptarse él mismo. Esto ocurre con todos los que tengan alguna proporción de temperamento melancólico. Como padre cristiano, usted tiene recursos divinos para ayudar a su hijo en este problema. En efecto, gran parte de la Biblia se escribió para ayudarnos a sobreponernos al miedo, a la preocupación y a la ansiedad. Este niño, lo mismo que todos los demás, debe ser guiado a memorizar la Palabra de Dios desde temprano, y a hacer de su fe una parte vital de su vida intelectual. Abraham es un ejemplo de un hombre dominado por el miedo que llegó a ser un gigante de la fe.

Conclusión

Esta breve explicación de las doce combinaciones de temperamentos en ninguna manera pretende ser exhaustiva. Su objeto es señalar que cada niño tiene dones, virtudes y también debilidades; las cuales deben considerarse a la luz de su propia individualidad. Es de esperar que estos conceptos sirvan para diagnosticar tanto el temperamento básico como el matiz secundario del niño, a la vez que ayuden a fijar las metas que los padres elijan de acuerdo a las necesidades de su hijo. Es preciso hacerse un plan por anticipado con el objeto de ayudarlo con ternura a fortalecer sus puntos débiles.

Muchos padres cometen el error de tratar a todos sus hijos por igual y, al hacerlo, muy a menudo sofocan la creatividad latente que debería florecer en el niño. Otros no tienen ningún plan prefijado y piensan que podrán decidir todo sobre la marcha, a medida que aparezcan los problemas. No es eso lo que hacemos cuando preparamos la comida, cosemos o hacemos cualquier otra cosa. ¿Por qué somos tan desorganizados con la importante tarea de criar a nuestros hijos? Como dicen en el mundo de los negocios: «Hágase un plan y cúmplalo»; tendrá muchas satisfacciones cuando vea los resultados.

Un sicólogo cristiano, que trabaja para varias cooperativas industriales como consultor, nos comentó que su punto de partida para trabajar era concentrarse en los puntos fuertes de las personas y dejar a un lado sus defectos. Estudiaba a fondo a las personas en el área industrial, con el objeto de asegurarse de que estaban temperamentalmente dotadas para la tarea que se les había asignado... Luego los estimulaba a desarrollar aquellas cualidades que mejor se adaptaban al cumplimiento de la tarea. Suponía que las debilidades se cuidarían a sí mismas automáticamente.

No estamos totalmente de acuerdo con esa teoría; creemos, más bien, lo que dice Gálatas 5.22-23. Allí se nos dice que es el Espíritu Santo el que provee a cada ser humano la fortaleza para su necesidad particular. Esta fuente de recursos espirituales a nuestro alcance es la que debe usarse en el desarrollo del niño cristiano. Sin embargo, lo que sí demuestra el exitoso análisis de este sicólogo cristiano relacionado con la industria, es que todo buen padre debería hallar el área en que su hijo muestra su talento natural y sus puntos fuertes, para poder ayudarle a cultivar y desarrollar un alto grado de eficiencia. Todo hijo se sentirá mejor si se le presta esta ayuda.

Si una criatura aprende a aceptarse a sí misma, les resultará más fácil a los demás aceptarla; además, a sus padres les será más fácil relacionarse con ella y disfrutarla. Pero el principal resultado que se obtiene al desarrollar los puntos fuertes de un niño y ayudarlo a sobreponerse a sus debilidades, es que será mucho más útil en las manos de Dios para cualquier cosa que la divina voluntad perfecta del Señor haya dispuesto para su vida.

5

La época de los pañales y de los creyones

La gran tarea de adaptarse como madre

El primer hijo representa un tremendo reajuste para la madre. La realidad de su nuevo papel en la vida no hace su impacto hasta que regresa del hospital al hogar y se ve allí, cara a cara con ese flamante muñeco que respira. Se quedará con ella las veinticuatro horas del día y nunca le dará por irse. La mayoría de las madres primerizas se asustan ante la idea de que deben enfrentar la responsabilidad total de la vida de ese pequeño ser humano.

La joven madre puede sentirse tan poco capaz e insegura de sí misma que tiende a preocuparse por cualquier cosa, por mínima que sea. Si el bebé duerme, querrá asegurarse de que todavía respira. Si llora, le parecerá que está enfermo. Esa inseguridad puede causarle, por momentos, mucha tensión; pero no querrá admitirlo ante los demás. ¡Debería saber que la mayoría de las madres primerizas experimentan lo mismo! Por lo general piensa que todas las demás tienen un «instinto maternal» que les viene por naturaleza, y que solo ella es la que no lo posee.

Sumado a esos sentimientos de incapacidad hay otro tipo de sentimientos que le molestan a menudo: cierta sensación de resentimiento.

Esto puede ser resultado de estar atada y sin libertad para ir y venir como lo hacía antes; su tiempo ya no es más suyo. De pronto tiene una criatura que requiere todo su cuidado y atención. El nuevo horario de veinticuatro horas al día hace que muchas madres se sientan frustradas. Esto es perfectamente normal, pero por desdicha nadie las ha preparado para este aspecto de su nueva experiencia.

Otra causa que puede provocar el resentimiento de la madre con el nuevo bebé es que, por lo general, se supone que un bebé automáticamente produce un acercamiento entre marido y mujer, pero suele suceder exactamente lo contrario. En vez de atraerlos uno al otro, el inocente bebé recién nacido puede actuar como un nudo que los separa. El esposo muchas veces siente celos por la atención que ahora se le da al recién llegado. Su esposa le dedicaba todo su tiempo a él. Es posible que sienta que el cien por ciento de la responsabilidad pertenece ahora a la madre y que él ha quedado al margen.

La pareja cristiana debe aceptar esos sentimientos como parte del período de adaptación normal tanto para el esposo como para la esposa. Cada madre joven deberá descubrir sus propias ideas y métodos para hacer que el trío se convierta en una estrecha unidad. Le ayudará saber que los sentimientos de incapacidad, frustración y temor son perfectamente normales, y a medida que gane experiencia crecerá su confianza en sí misma.

Un ser original creado por Dios

Antes de entrar a desarrollar este capítulo quisiera recordar al lector que un hijo es un ser único. No hay ningún otro bebé como él en todo el mundo. Su particular combinación de genes no ha existido antes ni existirá jamás. Su rótulo podría decir: «Modelo original creado por Dios». Así que si el desarrollo de su bebé no concuerda con el plan fijado por los libros para los bebés «normales», no llegue a la conclusión de que el suyo tiene algo mal. Por favor, no trate de hacerlo encajar a la fuerza en algún modelo mental tipo «bebé término medio», que haya leído en algún libro. ¡Déjelo retener su singularidad!

El papel de los padres es de extrema importancia para ayudar a un hijo a desarrollar dicha singularidad. El niño necesita la ayuda y el estímulo que ellos pueden darle. Si usted puede aceptar los patrones individuales del bebé en cuanto a comer y a dormir, sus estados de ánimo y características temperamentales mientras es todavía un infante, le será más fácil aceptar su individualidad en las etapas posteriores de su crecimiento.

Usted se sentirá mejor padre si abandona los intentos por hacer que su hijo se convierta en su propia imagen. Dele la libertad al pequeño para desarrollarse con naturalidad de acuerdo a su temperamento.

Diferentes etapas del desarrollo

Cada niño pasa por las mismas etapas generales y sigue el mismo orden de desarrollo, pero lo hace a un ritmo diferente. Las etapas más importantes de este proceso ocurren durante los primeros años de su vida. Usted lo está preparando para un alto nivel de capacitación intelectual. Este período de su vida se desarrolla a un ritmo rapidísimo, tanto que no tendrá parangón con ningún otro en su existencia. La mitad del desarrollo intelectual del adulto ya se ha forjado a la edad de cuatro años, y llega a un 80% a la edad de ocho años (me refiero a inteligencia, no a su grado de información). Después de eso, entre la enseñanza escolar y el medio ambiente, su capacidad mental solo podrá ser alterada en un 20%.

A continuación daré una lista (solo aproximada), de las cuatro etapas en el desarrollo del niño. Recuerde que su hijo es un individuo; único en su especie.

1. Infancia
(Desde el nacimiento hasta el primer año)

Su aprendizaje se inicia en el momento en que nace. Un infante nunca es demasiado pequeño para que aprenda algo. Desde el primer instante estará adquiriendo su actitud básica ante la vida e irá desarrollando un sentimiento elemental de confianza y felicidad o uno de desconfianza e infelicidad. El ambiente con que se lo rodee ha de jugar un papel importante en cuanto a determinar cuál ha de ser la estimación de sí mismo.

A. Los primeros tres meses.

Hay siete necesidades básicas para el infante en el transcurso de su desarrollo. La satisfacción de esas necesidades será el comienzo para que el niño pueda aprender a tener una confianza básica y un buen sentimiento de identidad.

1. Hambre. Los chicos parecen tener solo boca y estómago, pero es bueno recordar que el bebé siente intensos dolores cuando experimenta hambre. Una vez que se ha alimentado vuelve a dormir hasta que los fuertes dolores de estómago lo despiertan de nuevo. A medida que se haga más grande permanecerá despierto durante períodos más largos. Su hambre puede ser fácilmente satisfecha dándole alimento: la gran polémica es si debiera dársele el pecho o el biberón. ¿No es una pena que hayamos complicado algo que fue ideado para ser tan simple? Dios diseñó el pecho materno para que pudiera dar leche solo después de haber dado a luz al bebé.

La Biblia no da opciones porque no hay otra alternativa. El beneficio de darle el pecho a un bebé es que este método involucra automáticamente la ternura y la caricia, que son ingredientes necesarios para su desarrollo. Por desdicha, las madres que les dan el biberón a sus hijos, muy a menudo se lo colocan en la boca, sostenido con una almohada, cuando están demasiado ocupadas para levantar al bebé y dárselo ellas. Usted está en libertad para elegir el método que quiera; pero si decide darle el biberón, asegúrese de que tendrá la disciplina necesaria para levantarlo y acariciarlo cada vez que se lo dé o, de lo contrario, lo estará privando de un ingrediente importante en su crecimiento.

Ahora viene la pregunta: ¿Cuándo se le debe dar alimento al bebé? ¿Debería ser alimentado con un horario rígido o simplemente cuando tenga hambre? Recuerde que es un «modelo original» y, por lo tanto, un horario que le sienta a un bebé puede no ser satisfactorio para otro.

El hambre de un mismo bebé puede variar de un día a otro. Cuando tiene hambre y no recibe alimento se siente frustrado. Quiere comer «ya». Un doctor decía que cuando un bebé tiene que esperar media hora para que le den de comer es como si se hiciera esperar tres días a un adulto. Cuanto más se le hace esperar, tanto más fuerte e insistente será su llanto. A medida que pasa más tiempo, el tono de su sollozo irá cambiando. Ahora se convierte en un llanto de ira. Está furioso porque nadie lo atiende. Por último, comienza a darse cuenta de que no importa cuánto llore, no logrará atraer la atención a su necesidad. Es probable que reaccione con un sentimiento de furor prolongado o puede permanecer indiferente y apático, sin fuerzas para seguir llorando y resignado a no recibir respuesta. Cualquiera de las dos actitudes que elija, significa que habrá aprendido a desconfiar de cosas básicas de la vida.

¡Cuánto mejor sería para la criatura si usted respetara su individualidad desde que nace! Usted podría ayudar a sentar las bases para un firme y equilibrado sentido de autoidentidad en él, si lo alimentara cuando tiene hambre.

2. Abrigo. La mayoría de los padres no necesitan que se les recuerde esto. En efecto, los pediatras suelen comentar que las madres jóvenes abrigan excesivamente a sus hijos y los hacen padecer calor. Lo más importante es recordar que los niños pequeños no deben enfriarse. El viento es un factor de enfriamiento al que no se debe exponer al bebé.

3. Sueño. El bebé se encargará de esta necesidad por sí solo si las otras dos necesidades han sido satisfechas. Cuando haya dormido lo suficiente se despertará solo. Es una buena costumbre no mantener la casa en silencio o con voces apagadas para no despertarlo. Es preferible que el ruido continúe a un volumen razonablemente normal y que el bebé desarrolle la capacidad para dormir en esa atmósfera.

A veces, algunos bebés suelen despertarse de noche por alguna razón desconocida. Puede ser debido a una descomposición de su estómago o un cólico, en ese caso no se puede hacer nada. Ni siquiera alzarlo mostrándole ternura impedirá su malestar o hará que deje de llorar. Son estos momentos los que prueban la paciencia de los padres. Cuando llega finalmente la madrugada es que comienza a sobrevenir un sentimiento de frustración, pánico y aun de ira, por haber perdido horas de sueño y no haber logrado hacer nada por el bebé. Si usted pierde el control sobre sus sentimientos y de pronto se encuentra pegándole a la criatura o gritándole con ira, le aconsejo que deje la habitación de inmediato y se vaya a confesarle a Dios ese enojo. Si no puede controlar sentimientos de esta naturaleza, debería buscar el consejo de algún pastor que le ayude a superarse antes de que cause daño a una indefensa criatura.

4. *Ternura física y cariño.* A menos que su bebé pase por la experiencia de ser acunado, abrazado, acariciado y que alguien le hable o lo levante, no podrá saber que se le ama. El amor debe mostrarse de una manera física. Mientras se acuna a un bebé, el tono tierno de la voz de su madre al cantarle le hará saber que lo ama. ¡Ámelo sin miedo! Amar a un bebé jamás fue causa de que «se echara a perder».

5. *Ejercicio corporal.* Hay un límite respecto a lo que el pequeño puede hacer en materia de ejercicio corporal. De todos modos, debería haber un período durante el día en que se le permita agitar los brazos y las piernas libremente, sin la envoltura de las mantas. En un viaje que hice por Suramérica pude observar que muchas tribus de indígenas envolvían a sus infantes con fajas, con los brazos y las piernas firmemente estirados. No tenían lugar para ninguna clase de movimiento. Aun hasta la edad de dos años y más, están casi todo el tiempo atados a la espalda de la madre, con poco o ningún ejercicio en las piernas. De la misma manera que es necesario desarrollar paulatinamente su capacidad intelectual, es preciso darle a su cuerpo físico la oportunidad de ir desarrollando día a día los miembros, mediante ejercicios.

6. *Atención a los pañales.* Cámbielo con una actitud moderada y natural. El padre que comunica disgusto y desaprobación con el pañal sucio probablemente logre hacer que el control de sus necesidades le resulte más difícil al niño cuando llegue el momento de hacerlo él solo. Es usted el que se beneficiará si adopta una actitud tranquila en relación al cambio de pañales. Siempre que el bebé no esté en una habitación fría, es probable que no le moleste un pañal mojado o sucio. Esto no significa que uno pueda descuidarlo al punto de que le produzca una severa escaldadura o sarpullido, sino que no es necesario despertarlo para cambiarle los pañales que a uno mismo le parecen desagradables.

7. Estímulo sensorial e intelectual. Cada niño hereda un máximo de inteligencia potencial que podrá llegar a desarrollarse cuando crezca. Sin embargo, el que llegue o no a alcanzar ese máximo de inteligencia depende de cuánto estímulo sensorial e intelectual reciba en los primeros años de vida. El niño necesita manipular objetos que pueda oler, escuchar, ponerse en la boca y hasta chupar. Es preciso tener cuidado de que no estén a su alcance objetos pequeños con los que se pueda ahogar.

B. De tres a seis meses.
Este período constituye el lapso de transición entre la etapa inicial (nacimiento) y la etapa de «bebé». Empezará a investigar el mundo, tratando de tocar todas las cosas. Explorará el medio ambiente con la mirada, los oídos y la boca. A esta edad todo empieza a ser llevado a la boca como medio de comprobación. Es el modo en que él puede descubrir lo que existe a su alrededor. Usa sus manos para sujetar y palpar cosas, de modo que luego las termina de examinar probándolas con la boca. No se alarme si empieza a chuparse el dedo. Este es un sedante natural que Dios le ha dado para mantenerlo tranquilo de manera que pueda aprender acerca de lo que es posible ver y escuchar en su mundo nuevo. El feto ya ha adquirido contacto manual con la boca antes de nacer, de modo que es necesario considerarlo como una etapa normal del desarrollo del niño.

A esta edad son útiles los sonajeros y los muñecos de goma que chillan al apretarse. Obsérvelos detenidamente para comprobar que no tienen partes que puedan desprenderse y ahogar al bebé. Como contraparte de estos, puede proporcionársele juguetes de contextura blanda y suave.

Este es más o menos el único período en que se puede mantener a un bebé dentro de un corralito. Es demasiado pequeño para desplazarse, pero le gusta estar donde hay gente. Después de esta etapa preferirá la libertad para maniobrar de un lugar a otro.

C. De seis a nueve meses.

Dele tiempo a su bebé para adaptarse a una nueva situación. Proceda con lentitud cuando desee que conozca a una persona nueva. Si el encuentro lo hace llorar, su bebé le está diciendo que tiene miedo. Es muy común a esta edad desarrollar un sentimiento de ansiedad ante los extraños. Durante este período aumentará su capacidad para emitir algunas sílabas y vocalizar sonidos. Es posible que le salga su primer diente, hasta es probable que se convierta en un activo miembro de la familia y empiece a gatear. Además habrá descubierto una manera propia de comunicarse: logrará que entiendan lo que quiere a través de gestos y sonidos guturales. Para un bebé de esta edad el juego más tranquilizador y calmante probablemente sea con el agua. Se divierte salpicando agua, aunque suele perder el equilibrio; de modo que es preciso mantener muy bajo el nivel del agua en la bañera, para evitar que se asuste si llega a hundirse e impedir que se ahogue. Nunca lo deje sin vigilancia. A esta edad ya no se debe dejar al bebé en el corral sino colocarlo en algún espacio seguro, en donde pueda jugar sin peligro. Es capaz de jugar solo por períodos de aproximadamente media hora. Le encanta jugar con utensilios de cocina, tales como platos o tazas plásticos.

D. De nueve meses a un año.

A esta edad su bebé quizás ya esté caminando o tal vez no intente hacerlo hasta después de algunos meses. Ya no se queda tranquilo y pasivo mientras le cambian el pañal o se le viste. Empezará a mostrar coordinación en juegos poco complicados como dar palmadas. A esta edad el bebé ya puede comprender un buen número de cosas que le dicen. Se le puede enseñar a hablar en términos sencillos, señalándole e identificando objetos.

Esta es la oportunidad de iniciar al niño con los libros. Es probable que se los lleve a la boca, pero recuerde que esta es su manera de investigar objetos nuevos. Sus libros deberían ser hechos de tela o de cartón duro; además, deben contener figuras grandes y palabras simples. Deje que se lleve las páginas a la boca, las toque o las acaricie. Lo que echa las bases para el aprecio y el amor hacia los libros en el niño, es la actitud del padre hacia ellos.

2. Uno a dos años

El niño se convierte en un pequeño «deambulador», cuando empieza a caminar. Este es un día muy importante para él, porque ahora podrá alcanzar las zonas de la casa que antes le estaban vedadas. A pesar de haber podido gatear, el bebé se veía limitado por lugares a los que no podía llegar o distancias que no estaban al alcance de su ritmo de velocidad. Ahora se le abren nuevos mundos para explorar.

A. Una casa a prueba de niños.

A medida que aprende a investigar los alrededores, usted estará muy ocupada tratando de dejar la casa «a prueba de niños». A estas alturas una madre debe decidir qué es lo que quiere: una casa impecable y un hijo totalmente pasivo y lleno de inseguridad en sí mismo, o una casa más o menos desordenada pero una criatura que tenga una saludable autoestima y una moderada confianza en sí misma.

Demasiado a menudo los niños crecen en una casa diseñada para adultos, por lo que su curiosidad y deseo de investigar se ven frustrados por restricciones. La curiosidad que el pequeño muestra a esta edad es la misma que hará que le vaya bien en la escuela y más adelante tenga éxito en la vida. Necesita que se le proteja para que no se haga daño, pero no debe restringírsele el deseo de aprender. Saque de su alcance los objetos peligrosos y quebradizos. Los expertos nos dicen que tomar medidas de prevención para dejar la casa «a prueba de chicos» puede eliminar entre el 50% y el 90% de los accidentes que suelen causar consecuencias de gravedad y aun la muerte de los pequeños.

B. Protegidos pero no sobreprotegidos.
Este bebé, que ya ha desarrollado mayor velocidad, necesita ser protegido pero no sobreprotegido. Necesita padres que lo defiendan de aquellos peligros que él es demasiado ingenuo para evitar. Si una situación no reviste peligro, se cae en la sobreprotección; lo cual llenará al niño de temor y afectará decididamente su habilidad para enfrentarse con el mundo. Se pueden infundir temores irracionales en las emociones del niño por la manera en que un adulto lo sobreprotege o reacciona ante ciertas situaciones.

C. Chuparse el dedo.
Si su niño se ha chupado el dedo durante su primer año de vida, es de esperar que ese hábito vaya disminuyendo de manera gradual en su segundo año. Se le verá más activo y tendrá la posibilidad de entretenerse con una mayor variedad de cosas. Cuando se sienta cansado, triste o aburrido, volverá a ponerse el dedo en la boca. Suelo aconsejar a las madres a que familiaricen a su pequeño con una manta o juguete favorito para que esto, progresivamente, sustituya el hábito de chuparse el dedo. No tiene nada de malo que una criatura invierta su capacidad de amar en prodigar ternura a una muñeca, un osito o aun una vieja manta de textura suave. Es preciso que cuente con un consuelo de este tipo para cuando lo necesite y por el tiempo en que le sea necesario. No se aflija pensando que su hijo se va a convertir en un pequeño «Lino», el personaje que lleva su vieja mantita al colegio. Si la actitud de los padres con aquel hábito fue la normal y no tuvo un clima de desaprobación, él mismo —con el tiempo— hará los reajustes necesarios. A medida que los niños maduran parecen capaces de solucionar esas necesidades, mientras se relacionan con otras personas o se interesan por actividades diferentes.

D. Hábitos alimenticios.
Aun a esta temprana edad es frecuente ver padres que permiten a sus hijos desarrollar hábitos alimenticios realmente atroces. Más de una vez he andado por los pasillos de los supermercados y he podido

observar a las madres de niños pequeños que cargan sus carritos con alimentos preparados a base de azúcar y almidón, los cuales tienen poco o ningún valor nutritivo. El exceso de alimentos a base de azúcar y almidón no solo daña los dientes sino que a veces puede conducir a la diabetes. No solo son alimentos pobres sino que eliminan el hambre e impiden que los niños sientan deseo de comer alimentos de más valor nutritivo. Los padres de niños pequeños tienen la oportunidad de iniciar a sus hijos desde temprana edad en la práctica de buenos hábitos alimenticios. Haga que la dieta sea tan buena y las reglas tan claras que los pequeños puedan obedecerlas sin esfuerzo, sobre todo en esos primeros años de vida en que sus cuerpos se están desarrollando y necesitan el beneficio de unos buenos hábitos dietéticos. Puede haber momentos para darles ocasionalmente algún gusto, pero debería restringírsele al mínimo.

A esta edad los niños suelen ponerse caprichosos y molestos en relación a la comida, hasta pierden el apetito. Esto es una gran ventaja, porque si siguieran comiendo al mismo ritmo que en el primer año de vida, se pondrían tan anchos como largos. Además, el apetito varía de un día para otro, lo mismo que el de los adultos. Madres, no los regañen ni se aflijan porque sus hijos no comen lo suficiente. Muchas veces los padres se afligen porque la pequeña Betty no quiere comer vegetales. Cuanto más obligan a Betty a comer sus vegetales tanto más aumentan sus arcadas. Y cuanto menos come la criatura, tanto más se aflige la madre, hasta que de pronto se ve con un tremendo problema entre manos, cuando antes no existía. Esto es totalmente innecesario.

Recuerde que la madre puede contar con su mejor aliado, el apetito natural de la criatura. Ofrézcale a Betty una dieta bien balanceada y déjela tranquila. Tarde o temprano tendrá retorcijones de hambre y aceptará comer lo que le ofrecieron. Sea firme en no brindarle bocaditos entre comidas, caramelos o dulces. Concédale alguna libertad para rechazar ciertas comidas. Sin tener que hacer un problema del asunto, es muy probable que la semana siguiente la niña misma decida que esa es su comida favorita.

A veces durante esta etapa de su desarrollo, el niño decide que quiere alimentarse por sí mismo. No hay otra manera de que aprenda excepto dejándole tomar la cuchara y empezar. Transcurrirá un período en que derramará y dejará caer cosas, pero eso significará un gran paso hacia su autodesenvolvimiento.

E. Autoaseo del niño.

La mayoría de las madres suelen estar muy ansiosas por lograr que sus niños superen la etapa de los pañales, lo cual es lógico. Es una molestia tener que estar llevando pañales a todos lados, para no mencionar los otros aspectos desagradables. Es un gran día aquel en que el pequeño supera la etapa de los pañales y puede encargarse de sus propias necesidades. El tratar de entrenar a la criatura demasiado pronto a prescindir de los pañales puede traer como resultado un desajuste síquico o, por lo menos, una pérdida de tiempo y de esfuerzos por parte de la madre.

Un conocido médico afirma que el niño no posee la madurez neuromuscular necesaria para controlar la vejiga y el intestino hasta después de los dos años de edad. Incluso llegó a decir que si había algún chico de más de cinco años de edad que todavía mojaba la cama, era muy probable que se hubiera manejado mal la etapa en que el niño aprende a regular sus necesidades fisiológicas. Otro pediatra bien conocido afirma que el niño no está listo para controlar el intestino hasta después de los dos años, y las vías urinarias hasta después de los tres. Según él, no se puede calificar a los niños de «mojadores de cama» hasta después de los cinco años. Así que, tengan paciencia, queridas madres, y recuerden que cada vez que le cambian el pañal están ayudando a que ese niño desarrolle una madurez normal y equilibrada.

F. Educación mediante el juego.

Los libros son una parte muy importante de su vida en esta edad. Todavía necesitará libros que sean de tela o de cartón, porque muy probablemente los investigue rompiendo o masticándolos. Puede empezar leyéndole cuentos para niños o historias bíblicas adecuadas al nivel de captación de esa edad. Muy pronto el niño aprenderá a identificar términos sencillos que se repitan una y otra vez en los relatos, y podrá señalar un pesebre, por ejemplo, y decir «Jesús».

Hay numerosos juguetes que ayudan a desarrollar los músculos grandes y los pequeños. Por ejemplo, un tobogán bajo, un laberinto para gimnasia, una caja de arena con baldecitos y palas, un cubo de agua para hacer tortitas de barro, animales de tela y muñecos, como así también música que tenga sonido y ritmo adecuado.

G. Castigos.

Es necesario administrar, de vez en cuando, castigos físicos a los niños de esta edad, pero tenga cuidado de no interpretar erróneamente su conducta como hostil y agresiva. Puede que solo esté ejercitando su curiosidad y actuando en una forma normal para su edad. Un niño de dos años puede no ser capaz de entender el razonamiento de un adulto acerca de no jugar con enchufes eléctricos. Es demasiado pequeño para enfrentar las consecuencias naturales, de modo que —obviamente— será necesario castigarlo en estos casos. Como sus nalguitas estarán mullidamente protegidas por el pañal, es preferible darle en la mano en el momento en que estire el brazo para agarrar el enchufe, de forma que recuerde que el hacerlo le trajo una experiencia desagradable. De este modo se evitará el posible daño corporal.

Los primeros síntomas de las características temperamentales comienzan a revelarse en esta etapa. El padre sabio estará atento para saber lidiar con cada situación de la manera que mejor ayude al niño.

El colérico mostrará tendencias de ser mandón con los otros niños, muy mezquino con sus juguetes, y a mostrar decididamente una fuerte voluntad personal. Esta criatura necesita que se le quebrante su voluntad pero no su espíritu. Demasiado a menudo los padres justifican este comportamiento diciendo que «Cristina sería diferente si tuviera otro hermanito o una hermanita», pero realmente eso no haría ninguna diferencia, ya que la niña está simplemente actuando como una colérica. Su mayor necesidad es tener padres que estén dispuestos a tratar su problema de egoísmo y a disciplinarla con un entrenamiento firme y consecuente. Después de los tres años esa voluntad será cada vez más difícil de dominar con cada año que pase.

El pequeño sanguíneo tendrá un genio sensible y se manifestará cuando llore y grite al punto de ponerse rojo y tenso. Su ira puede ser tan súbita que aun delante del ojo atento de sus padres será capaz de alzar un juguete y lanzárselo al causante de su enojo. A pesar de su copioso llanto de arrepentimiento, es preciso disciplinar este enojo incontrolable tan pronto como aparezcan los primeros síntomas, antes de que se vuelva peligroso. No debe permitírsele lastimar a otros niños con sus arranques de ira.

El niño flemático permanecerá más bien pasivo a esta altura de su desarrollo y actuará más como un observador que como un participante. Sus defectos tardarán en salir a flote, lo cual lo hará una criatura más fácil de manejar durante esta etapa.

Al pequeño melancólico se le reconoce por su tendencia a lloriquear y es el más apegado a su mamá cuando llega el momento de tener que dejarlo con la abuela o con una persona extraña para cuidarlo. Este niño necesita, más que los otros, que se le ame y se le brinde un sentimiento de seguridad. Asegúrese de que las disciplinas que reciba solo correspondan a acciones decididamente rebeldes y que una vez castigado se le brinde el amor y la ternura suficientes como para asegurarle que usted lo ha perdonado. Los padres deben ser particularmente sensibles para advertir qué es lo mejor que pueden ofrecerle al niño y qué hay realmente detrás de su lloriqueo y de su inclinación a estar pegado a ellos; si se trata de una actitud melindrosa o de verdadera inseguridad.

H. Conclusión.

Los expertos nos dicen que desde su nacimiento hasta los cinco años, los niños suelen dar trabajo en su crianza y manejo, en años alternados. Vale decir que los años impares (uno, tres, cinco) parecieran ser aquellos en que es un placer tenerlos cerca, mientras que los pares (dos y cuatro) son esos períodos que ponen a prueba la paciencia, cuando el niño está en una etapa de transición y actúa más como un monstruo odioso que como una criatura encantadora. Creo que casi todos los padres estarían de acuerdo en afirmar que a los dos años y medio el niño pasa por la etapa preescolar más exasperante. Es bueno recordar, en aquellos momentos en que pareciera que ya es imposible seguir viviendo con este pequeño monstruo irrazonable, que al cumplir los tres años empezará a cambiar para bien.

3. A los tres años ya sienten confianza

Ahora ya se puede empezar a esperar un nuevo espíritu de cooperación de parte del niño de tres años. Hasta este momento cualquiera hubiera pensado que el niño, más que los padres, era quien dominaba a la familia. Pero si se ha respondido con corrección a sus demandas por gobernar, ya se puede empezar a gozar de una atmósfera hogareña más agradable. El niño de tres años pareciera sentir el deseo de lograr la aprobación de sus hermanos mayores así como también la de sus padres. Ya logra poner más dedicación y paciencia en la tarea de vestirse, y en otros trabajos similares, cuando antes se hubiera negado a hacerlos. Además, posee una mayor capacidad de relacionarse con otros chicos y compartir cosas con ellos, o de esperar hasta que llegue su turno para algo.

Esta debería ser una etapa muy agradable tanto para los padres como para el hijo, ya que este es ahora un niño más complaciente. Ama a sus padres, disfruta de su vida y por lo general está en paz con los que lo rodean. Sin embargo, no es bueno engañarse y creer que ya se han acabado los problemas. Es posible que disminuyan, pero todavía restan muchos desafíos a medida que el hijo avanza hacia la madurez.

A la edad de tres años es cuando comienzan a querer intensamente la compañía de los amiguitos. También experimentan el deseo de independizarse, lo que hace que puedan pasar períodos limitados lejos de la madre. Las mamás no deben sentirse amenazadas, porque esta es una etapa normal del desarrollo. Todavía necesita la seguridad y protección que le brinda la madre, pero también es necesario que ejercite un poco de independencia y busque la compañía de otros niños de su edad.

Este es un paso muy importante para su hijo y es necesario que se le maneje con mucha naturalidad. Necesita aprender a desenvolverse por sí mismo durante breves períodos de separación, con el objeto de prepararse para períodos más largos cuando deba ir a la escuela. Se le debe estimular a que se aventure a salir y jugar con otros chicos del vecindario, o si es que hay una buena guardería infantil cerca de su casa; en ese caso podría dejarlo, en un comienzo, durante unas tres o cuatro horas semanales. Observe que solo estoy sugiriendo períodos breves de separación. No recomiendo que se ponga a los niños en una guardería de tiempo completo a esta edad tan temprana. Hasta los tres años hay muchos aspectos de su desarrollo que se basan en la relación madre-hijo.

Cuando el niño entra en su tercer año de vida hay un movimiento pendular que va desde una extrema actitud independiente —«yo puedo hacerlo solo»—, hasta el tímido y desvalido —«no puedo»— en que la madre deberá socorrerlo. Es bueno que los padres tengan normas y prohibiciones firmes, consecuentes, en esta etapa; aunque no es conveniente hacer demandas de total obediencia. Con todo, es necesario que comience a aprender lo que sus padres y la sociedad esperan de él, a la vez que desarrolla un sentido saludable de autoidentidad. Usted debe saber evaluar prudentemente las órdenes y exigencias que impone. Deben ser razonables y consecuentes, y tendrá que saber justificar esas limitaciones tanto a su niño como a usted mismo.

A esta edad no es necesario ser rígido en cuanto a lo que es «masculino» y «femenino». No hay ningún daño en permitirle a una niña jugar con camiones o trencitos si eso es lo que quiere. Ni tiene nada de malo que un varón juegue con una casa y muñecas si así lo desea. Muchas madres proveen a sus hijas de vestidos viejos para que se disfracen y actúen imaginariamente, pero ¿y qué diremos de los hijos varones? Por lo general si desean jugar tienen que arreglárselas con los vestidos largos, sombreros de mujer y tacos altos. Si se les deja al alcance pantalones viejos, sombreros y botas del padre, entonces podrán representar el papel de hombres. Con todo, no se alarme si un día su hijo prefiere usar un vestido, porque al día siguiente muy probablemente buscará los pantalones. Tal elección no significa que ha de ser anormal. El factor más importante es la actitud del padre y de la madre hacia el pequeño o la pequeña. Si el padre y la madre alaban la femineidad de su hija de espíritu dócil y dulce, entonces es igualmente necesario brindarle atención a la naturaleza intrépida y aventurera del niño.

La persona más importante en la vida de un niño es su madre, de modo que tanto el varón como la mujer tienden a identificarse con ella desde el comienzo. Después de todo, hasta este momento, ambos habrán pasado la mayor parte de cada día de su vida con ella. Tanto los niños como las niñas, debido a ese amor por la madre, quieren ser como ella. Sin embargo, tanto los varones como las mujeres desarrollan luego, poco a poco, su peculiar matiz sicológico. Es muy importante que el padre provea al niño de edad preescolar de su compañía para compensar por la falta de influencia masculina en esta etapa (las niñas también la necesitan en la etapa preescolar). Este contacto inicial con sus hijos proveerá al padre de una buena relación padre-hijo o padre-hija en el futuro. Tanto los niños como las niñas necesitan modelos para imitar.

A. Control excesivo o insuficiente.

El padre melancólico o colérico tiende a ser más dominador con sus hijos que los de otros temperamentos. Sus demandas pueden ser exageradas, lo cual produce un exceso de control sobre los niños.

A la madre que acaba de encerar el piso de la cocina o secar las toallas de baño recién lavadas, se le debe recordar que la casa debe estar hecha para los niños; no los niños para la casa. El control excesivo se demuestra en la impaciencia con las ocurrencias infantiles y las salidas emocionales típicas de esta edad. Las respuestas varían de acuerdo al temperamento del niño.

1. El niño sanguíneo: El sanguíneo suele resistir amargamente este tipo de control excesivo y protestará fuertemente entre lágrimas por las restricciones poco razonables que se le impongan. Toda esta etapa se transforma en una batalla de voluntades entre padre e hijo, no importa quién gane la pelea, el niño pierde la posibilidad de desarrollar una fuerte individualidad. Bien puede provocar el comienzo de un futuro rebelde.

2. El niño colérico: El colérico probablemente logre controlar sus sentimientos más que el sanguíneo, pero en su interior se resistirá con igual amargura, y se aferrará hasta lo último antes de ceder. Por desdicha se sentirá frustrado y al fin se volverá rebelde porque no se le ha permitido desarrollar su propia individualidad y su temperamento, para llegar a ser él mismo.

3. El niño flemático: Este temperamento muy probablemente responda evitando toda confrontación desagradable. Sin embargo, el resultado final bien puede ser un adulto callado, pasivo, temeroso y apagado, dominado por el miedo de aventurarse y probar cosas nuevas. Como este temperamento es naturalmente temeroso, de todos modos, lo que necesita más que restricciones es que se le estimule para afirmarse.

4. El niño melancólico: Este temperamento aparentará acatar el control excesivo de los padres, pero interiormente hervirá de hostilidad. Hará a desgano lo que le exijan y, al fin, se volverá solapado para poder salirse con la suya. Su hostilidad podrá manifestarse rompiendo algo de valor o pellizcando a su hermanito. El melancólico puede convertirse en un adulto de mentalidad estrecha, autoconvencido de su rectitud, lleno de reglas piadosas y morales en apariencia aunque cargado de hostilidad por dentro.

De igual modo dañino para el niño es el problema de la falta de control por parte de los padres. Los padres que más a menudo son culpables de esta actitud son los flemáticos y los sanguíneos. Los flemáticos porque son afectuosos y detestan las confrontaciones; los sanguíneos por su actitud tipo «salga lo que salga», su poca consecuencia y su desmedido optimismo, que los hace suponer siempre que todo terminará saliendo bien. Cuando sus hijos se niegan a acatar los límites y normas establecidos, de inmediato reducen el nivel de exigencia y dejan que se salgan con la suya. Muy pronto los niños asumen el papel de padres y toman el control del hogar. Estos niños tendrán dificultades cuando entren en la escuela y descubran que tanto los maestros como los demás compañeros exigen un razonable cumplimiento de las reglas. Los padres pueden ayudar muchísimo a sus hijos a lograr una buena adaptación a la escuela y a la sociedad, si les enseñan desde pequeños a acatar las normas del hogar.

B. Enseñarles a higienizarse o usar el baño.

No intentaremos aquí darles reglas específicas acerca de la higiene del pequeño y cómo enseñarle a usar el baño. Hay numerosos libros escritos por profesionales de la pediatría que entran en grandes detalles sobre el tema. Más bien quisiera demostrar los efectos de una mala enseñanza y lo que concierne a la actitud de los padres al respecto.

Si usted ha ejercido demasiada presión para que el chico aprenda rápido y no lo ha preparado en forma conveniente, entonces todo lo que logrará es que se sienta incapaz y frustrado. Esta técnica es bastante compleja para el pequeño. Castigarlo por su fracaso o por sus accidentes puede producir temor, ira, empecinamiento y hasta rebeldía por parte del chiquillo. No se deben usar castigos nunca, pero nunca, en el aprendizaje del uso del baño.

Unos cuantos consejos para la madre joven en relación con esto es que trate el asunto con una actitud calmada y natural. Tómelo como una rutina y sin apuro. Aunque todos los chicos de la cuadra ya sepan usar el baño a la edad de su hijo, recuerde que él es único, es un individuo. Cometerá muchos errores, pero todos los hacemos cuando estamos aprendiendo alguna nueva técnica.

C. El ritual de ir a la cama.

A los niños de esta edad les encantan los rituales. Así que para hacer más agradable la tarea de acostarlos, es una buena idea establecer un «ritual para ir a dormir». Esta puede ser una ocasión de mucha influencia beneficiosa sobre los niños, en la que el padre puede tomar parte, compartiendo con la madre la tarea de acostarlos. Por desdicha no es esta una hora favorable para juegos activos ya que los sobreestimulan y hace difícil que luego logren dormirse (y hasta puede producirles un sueño inestable durante la noche). El tiempo ideal para un poco de juego activo es inmediatamente después que el padre regresa del trabajo o antes de cenar. Esto puede consistir en cosas tales como dar tumbos juntos en el suelo, jugar a la pelota o simular una competencia de lucha. Si este horario ideal no es posible, y dado que el juego «fuerte» es muy conveniente entre padres e hijos, entonces tendrá que establecerlo después de cenar. Solo es necesario dedicarle un período breve (quizás diez minutos).

Luego encamínelos a la bañera. La mayoría de los niños ven en la hora del baño una ocasión para jugar, y el padre puede aprovechar esa circunstancia para supervisar las cosas con la ayuda de barquitos y juguetes flotantes. Una vez que tienen puestos sus pijamas, viene el tiempo ideal para contarles cuentos o leerles historias. El papá puede estar dispuesto a asumir el papel principal en este aspecto, y llevar a cabo el ritual diario de leerles un cuento o inventar alguno si es que tiene esa habilidad. A los chiquillos les encantan los cuentos inventados con muchos ruidos y gestos graciosos. El cuento final debería ser algún relato bíblico reconfortante, tal como la historia acerca de Jesús y los niños, la oveja perdida o el niño Jesús en el pesebre. Luego haga una oración. A los pequeños les encanta hablar con Jesús a su manera propia, aunque sea balbuceante.

Los chiquillos tienen mucha fe y esperanza, de modo que es bueno edificar sobre esas bases. Un beso y un abrazo de despedida serán suficientes para terminar. Todo este ritual puede llevar de 40 a 60 minutos, de acuerdo a lo que se incluya en él. Un padre se quejó cuando le dije que el «ritual» podía llevarle unos 60 minutos y le sugerí que lo hiciera con su hijo. Se consideraba con muy poco tiempo como para llevarlo a cabo. Sin embargo, ese mismo padre encontraba el tiempo necesario para pasarse más tarde unos 60 minutos mirando la «Guerra de las galaxias», algún otro programa en la televisión o navegando por internet por horas. No son muchos los años en que uno puede arroparlos en su cama y darles el beso de las «buenas noches». Más de un padre se lamenta de no haber sido más fiel cuando tuvo la oportunidad.

La rutina de ponerlos en cama debería constituir un momento de placer para el niño y usted debe procurar que él anticipe con gusto esta experiencia placentera. No se debe permitir que llegue a sentir aprehensión y temor por esa hora, aunque algunos niños lo sienten así debido a su temor por la oscuridad. No lo mande a una habitación a oscuras si tiene miedo. Si una luz pequeña elimina sus temores, no deje entonces de proporcionársela. No tenga ningún temor de que necesitará una luz en la habitación cuando sea grande. A medida que crezca irá eliminando esos temores infantiles, si es que usted ha sido comprensivo y considerado con él a esta edad.

D. Preguntas y respuestas.

Uno de los mejores regalos que se le puede dar a un niño es el de compartir con él nuestro conocimiento de la realidad, a medida que contestamos a sus preguntas. Lo ideal sería que los padres respondieran todas las cuestiones que el niño plantee; sin embargo, ningún padre podría contestar todas las interrogantes que hace un niño de esta edad. Tampoco debe sentirse culpable si, de vez en cuando, le aconseja jugar con la boca cerrada para darle tiempo a pensar. Pero si los padres se dieran cuenta del valor de esas preguntas y de las respuestas que les dan, quizás tendrían una actitud más positiva hacia ellas. Este intercambio entre padres e hijos bien podría representar el curso más fundamental acerca de la vida que jamás vuelva a recibir el niño.

La mayoría de los padres tienen vidas muy ocupadas. Si están demasiado ocupados para escuchar a sus hijos, no deberían tener tiempo para nada más. Los padres que quieran tener éxito en la crianza de sus hijos tienen que disciplinarse para escucharlos. Si lo hacen, les están dando la seguridad a su hijo de que realmente lo quieren y que él cuenta para ellos. Esta es una manera de edificar en los niños una buena imagen de sí mismos. También le permitirá al padre saber qué es lo que está pasando por la mente de su retoño, si es que escucha cuidadosamente lo que este tenga que decir. El estar atento a su conversación le dará suficiente preaviso para cuando empiecen a aparecer los temores e inseguridades que suelen visitar sus pensamientos.

Los padres de un hijo sanguíneo tendrán que escuchar más, porque los de ese temperamento son más locuaces. El niño flemático no es muy efusivo así que sus padres tendrán que ser muy sensibles hacia aquellas cosas que el niño omita comentar. Es un padre sabio el que estimula a sus hijos a hablar y a expresarse, y la mejor manera en que puede lograr eso es escuchándolos.

E. La primera imagen del Padre celestial.

Un niño pequeñito relaciona las cosas que desconoce con aquellas que ya le son conocidas. En primer lugar, escucha acerca de su Padre celestial aunque no lo puede ver, de modo que relaciona a su Padre celestial desconocido con el padre terrenal a quien sí conoce. Esto no se limita a los niños de tres años. Lo menciono aquí porque a esta edad comienza este proceso, pero continúa a lo largo de los años subsiguientes. Aprende lo que es el amor de Dios a través de lo que observa en usted. Aprende lo que es la misericordia y el perdón por medio suyo. Usted debe estar muy seguro de que ese niño está recibiendo una imagen clara y sincera de lo que puede esperar de su propio Padre celestial.

F. Libros.

Los libros para esta edad deberán tener una muy buena encuadernación. No porque todavía se los lleve ocasionalmente a la boca debe la madre engañarse y creer que es demasiado pequeño para sacar provecho de los libros. Una de las primeras formas de estimularlo en el área intelectual es leyéndole libros y familiarizándolo con la enorme riqueza que puede extraerse de ellos.

A las criaturas de esta edad les fascinan las palabras y los juegos de palabras. Les encantan las poesías infantiles con su ritmo, su compás y su repetición de sonidos. Suelen preferir las historias que ya conocen. De ese modo van anticipando lo que viene a continuación en el texto y lo repiten a medida que escuchan la lectura.

Les produce placer mirar los libros y tocarlos. Es bueno hacerles preguntas acerca de las historias o pedirles que señalen cosas en las ilustraciones. Eso les encantará. Muy a menudo tendrán un libro favorito del que querrán que se les lea todas las noches. Bastará que se cambie una sola palabra para que protesten y le llamen la atención. No es conveniente establecer listas de libros para edades porque el grado de madurez y comprensión de ellos varía muchísimo. Son los propios padres los que deben examinar con sumo cuidado cada libro antes de traerlo a la casa, porque solo ellos están en condiciones de determinar la lectura que será más adecuada a la comprensión de su hijo. Sin duda, en la biblioteca pública de su localidad tendrán libros apropiados para esta edad. Esta experiencia puede llegar a ser un placer tanto para el que lee como para el que escucha. Tener un pequeño cuerpo cálido acurrucado al lado de uno y emprender juntos la aventura que proporciona un buen libro, es una experiencia inolvidable.

4. El vivaracho de cuatro años de edad

De pronto, este niño de tres años, que ha hecho tan grandes progresos y parecía tan coordinado, comienza a demostrar casi lo opuesto de la coordinación. Esto aparecerá en cosas tales como meterse el dedo en la nariz, comerse las uñas o chuparse el dedo.

A esta edad le gusta jugar con chicos de su misma edad, aun cuando no se lleve muy bien con ellos todo el tiempo. Es posible que tenga relaciones tempestuosas y violentas cargadas de exigencias, empujones y golpes. Hay bastante autoritarismo y beligerancia en un niño de cuatro años, de modo que pasará de un extremo emocional a otro; en un momento se sentirá tímido y al siguiente se pondrá a vociferar. También habrá aprendido que hay toda una gama de palabras que sus padres no aprueban y que usándolas logra atraer la atención de ellos.

Este parece ser un período en el que quieren poner a prueba la autoridad paterna, porque les encanta desafiar las órdenes y los reclamos. Debido a esa actitud es que los niños de cuatro años requieren un trato firme. La manera de encarar mejor el problema de su belicosidad es por medio del aislamiento. El padre puede decirle en un tono muy natural: «Mira, me parece que tú y Cristina no están llevándose muy bien esta mañana, así que tendrás que jugar solo por un rato.

Podrán jugar juntos otra vez cuando yo crea que lo pueden hacer sin pelear». Eso funcionará como un factor motivante para que el pequeño se esfuerce por adaptarse y jugar de nuevo con otros chicos. Estoy de acuerdo con un conocido sicólogo de niños que decía que un chico de cuatro años le hacía pensar en el personaje de Stephen Leacock, que saltaba sobre su caballo y luego salía rápidamente hacia todos lados. El niño de cuatro años no sabe muy bien a dónde quiere ir aunque esté lleno de dinamismo. Es una mezcla confusa de seriedad y tontería, sosiego y bochinche, alegría y quejosidad, cooperación e indiferencia, simpatía y antipatía, timidez y agresividad.

A. Desarrollo físico e intelectual.

La gran necesidad de desarrollo biológico que suelen tener estos pequeños «Don Cabriolas» de cuatro años, hace que estén siempre buscando liberar sus energías. Para lograrlo deben trepar algo, retorcerse, correr, saltar y gritar. Necesitan tener una salida constructiva para su dinamismo; de lo contrario hallarán maneras destructivas de usarlo. A los padres les cuesta aceptar esta etapa porque ellos mismos sienten necesidad de paz y sosiego. Si usted le da al niño suficiente oportunidad para correr, saltar, trepar y arrastrarse, le estará ayudando a adquirir la capacidad intelectual necesaria para cuando llegue a la época escolar. (Hay libros serios que muestran la importancia del juego en el desarrollo intelectual del chiquillo.)

B. Rabietas.

Todos los chicos son capaces de tener su berrinche ocasional, independientemente de cuál sea su temperamento. El sanguíneo, sin embargo, es el que con más frecuencia vociferará a todo pulmón o se tirará al suelo en un arranque de ira. El colérico también se inclina a hacer eso, sobre todo si no ha sido disciplinado con frecuencia. El melancólico es capaz de armar una buena escena de furor, sobre todo si cree que se le ha tratado de manera injusta. El que es probable que reaccione menos de esta forma es el flemático, ya que tiene una naturaleza pasiva y prefiere la tranquilidad. Cualquier criatura que se enoje al punto de no hacer otra cosa que gritar, llorar o tirarse al suelo a patalear, está pasando por una rabieta.

Si en ese momento se cede a sus demandas, se le estará fortaleciendo el hábito de hacer escenitas y enseñándosele que cada vez que quiera algo puede recurrir a una escena de furor. Ese arranque emocional es el resultado de su lucha interior por alcanzar el dominio. Si sale victorioso en esa batalla, el niño sabrá usar de nuevo la rabieta para lograr controlar una situación.

Contrario a lo que muchos afirman, mi opinión es que la mejor forma de manejar una rabieta es enfrentarla. Lo primero que debe hacer el padre es cerciorarse de que está lleno del Espíritu Santo (es decir, que no va a actuar con ira, exceso o frustración). Luego debe mandar al pequeño a su habitación hasta que se calme un poco y haya adquirido cierto control sobre sí. Cuando haya terminado el ataque, entonces el padre podrá comunicarse mejor con el niño y enseñarle por qué su comportamiento estuvo fuera de lugar y, si se lo merece, darle una tunda. Un castigo administrado en medio de la rabieta solo trae como resultado un mayor esfuerzo por pelear hasta ganar dominio de la situación. No se deje arrastrar a esa lucha. La gran tentación es alzar la voz y gritarle al niño por su mal comportamiento. Si usted responde de esa manera, ya ha perdido; ha perdido porque ha dejado que la situación se le escape *a usted* de las manos.

C. Educación sexual.

La época en que los niños comienzan a hacer preguntas acerca del sexo varía mucho. Algunos chicos más observadores advierten que las mujercitas se sientan y los varones permanecen de pie cuando van al baño, o que los niños poseen una parte adicional que las niñas no tienen. Otros, a esa edad, permanecen, por el contrario, totalmente ignorantes acerca de esas diferencias. Un varoncito estaba observando a otro pequeño desnudo, al que estaban por darle un baño. Su madre, que también observaba, le preguntó a su hijo si el bebé era varón o nena. El niño respondió rápidamente: «No puedo saberlo porque está sin ropa».

Lo importante a tener en cuenta acerca de este tema es que el padre debe saber responder a las preguntas de una manera calmada y natural. Esta será la mejor contribución que usted podrá hacer con relación a la educación sexual de su hijo. Conteste cada cuestión a medida que la formulen y hágalo con franqueza. Cuando una pequeña de cuatro años descubra que su hermanito tiene pene, identifíquelo con naturalidad como eso, un pene; de la misma manera en que nombraría una rodilla o un dedo.

Algunas pequeñinas pueden sentir que se las ha estafado al no proporcionarles un pene al nacer. Otras veces son los varoncitos los que pueden llegar a sentir temor de que a ellos les corten el pene y queden como sus hermanitas. La actitud sana de la madre hacia esos temores y sentimientos, ayudará a que duren poco. Me fue muy valioso el consejo de un médico pediatra respecto a cómo lidiar tanto con los niños como con las niñas para ayudarlos a aceptar con confianza sus cuerpos, tal como son. Simplemente explicándoles que los varones son como sus padres, por lo que tienen un pene; y que las niñas, al igual que su madre, tienen una bolsa exclusivo que se llama útero. Esta bolsa es un lugar especial que Dios ideó para que inicialmente creciera el bebé. Una explicación así puede satisfacer su curiosidad por un tiempo. Pero no lo dude: ¡harán muchas más preguntas todavía!

D. Influencias de los medios de comunicación y las redes sociales.

Las estadísticas que presentara la empresa Nielsen Company (antiguamente llamada ACNielsen) una firma especializada —en información de medios de comunicación, audiencias de televisión, de internet y entretenimiento en general— que se ocupa de hacer investigaciones, mediciones y encuestas, muestran que los niños y niñas entre dos y cinco años de edad, observan un total aproximado de 23 horas y media por semana de televisión, con un promedio que baja durante el verano y asciende nuevamente durante el invierno. También señala que los niños que se hacen típicos televidentes desde los tres hasta los 17 años, terminan al final pasando más tiempo frente al televisor que en la escuela.

Se han hecho muchos experimentos en Estados Unidos para determinar el efecto de la televisión en los niños que observan un promedio de 20 a 25 horas semanales. Como algo positivo se ha sugerido que la televisión aumenta el vocabulario del infante y amplía su percepción del mundo a su alrededor. Por el lado negativo dice que esta «niñera» electrónica hace que muchos niños observen televisión en exceso y no siempre los programas adecuados.

El doctor Guillermo Glasser, educador, siquiatra y director del «Centro de entrenamiento para maestros especialistas en terapia de la realidad», de Los Ángeles, Estados Unidos, sostiene que la televisión limita el desarrollo de la capacidad cerebral del niño y puede llegar a interferir negativamente en su creatividad y su imaginación. Recomienda que los pequeños menores de 10 años no vean más de una hora de televisión al día.

Una madre joven relató su propia experiencia de cómo había adquirido el hábito de dejar la televisión encendida todo el día. No la veía, pero le gustaba tenerla como compañía. Su bebé de 16 meses era una criatura perfectamente sana, excepto que dormía intranquilo y tenía un carácter más irritable que el común de los niños de su edad. Un día, la señora decidió apagar el televisor y no tenerlo encendido por horas, como solía hacerlo. Nunca se le había ocurrido pensar que hubiera relación entre la televisión y la falta de tranquilidad de su hijo, pero observó un rápido cambio en la conducta del chiquillo. Comenzó a dormir mejor, se concentraba con más facilidad en sus propios juegos infantiles y se le veía mucho más contento. Un sicólogo observó que «la televisión constituye una fuente de ruido demasiado grande, un exceso de estímulo y una síncopa exageradamente activa para un niño pequeño, aun cuando este no la vea».

Los educadores han estado observando un cambio en el patrón de conducta de los niños y lo están atribuyendo a la televisión. Una maestra comentó que uno de sus alumnos jamás había caminado normalmente en la escuela. Cada uno de sus movimientos era exagerado y como en «cámara lenta», imitando un personaje de la televisión. Esa maestra con largos años de experiencia, observaba en los niños un aumento de timidez, una conducta más pasiva y ausente, y una menor manifestación de creatividad, imaginación y deseo de participación en las actividades. Demasiada televisión priva a los niños del disfrute que puede dar un buen libro. La televisión nunca será un sustituto adecuado para ese mundo de aventuras que se puede descubrir en un libro de cuentos. He señalado estas opiniones que demuestran que la televisión puede ser un impedimento para el desarrollo intelectual del niño, para que sirvan de información, pero eso no quiere decir que la televisión sea absolutamente tabú. Es importante, sin embargo, observar lo que el niño mira y controlarle el tiempo que pasa frente al televisor. Aun el exceso de buenos programas puede entorpecer la creatividad individual de los niños. A la edad de cuatro años todavía se pueden establecer límites al uso de la televisión, antes de que se establezcan hábitos que luego son más difíciles de romper.

El niño colérico posiblemente no se sienta demasiado atraído por la televisión. Lo que busca es una actividad productiva. A los pequeños coléricos, en realidad, casi nunca les atrae distraerse con juguetes. Al chiquillo sanguíneo puede gustarle mirar la televisión, pero querrá que alguien lo acompañe. Alternarán los programas de televisión con idas y venidas al paquete de bizcochitos. Los que más observan televisión son los melancólicos, que se dejan absorber por lo que están viendo y toman los programas muy a pecho. El flemático observará la televisión mientras se deje estar, hasta que el sueño lo venza y caiga dormido allí mismo. El temperamento de los niños no es estable, de modo que esas reacciones ante la televisión no son absolutas, pero servirán al menos para ayudar a los padres a estar alerta ante los posibles efectos de la televisión y a los peligros que puede revestir para el niño.

Además de la televisión, la variedad de medios de comunicación se amplía con la internet, las numerosas redes sociales y la creciente industria del entretenimiento con su espectacular mundo de los videojuegos. Lo que agrega otro factor importantísimo cuya influencia en la crianza de los niños es en extremo delicada. Y como si eso fuera poco, a todo ello se suma la facilidad para adquirir los *gadgets* de última moda, esos dispositivos electrónicos que casi embobecen a los usuarios desde sus más tiernas edades. Me refiero a los MP3, teléfonos inteligentes y las aclamadas tabletas entre numerosos otros. Con respecto a estos últimos, los teléfonos y las tabletas, puesto que la navegación en ellos no requiere que el usuario sepa leer o escribir, ni que tenga habilidades especiales, los niños de edad preescolar pueden aprender rápidamente cómo ver películas, desplazarse a las carpetas donde están las fotos de la familia o divertirse con juegos simples. Sin embargo, el uso excesivo de tabletas y teléfonos inteligentes perjudica la salud de los pequeños, afirman diversos especialistas en comportamiento de infantes y adolescentes.

En particular, los científicos han revelado que el uso frecuente de computadoras portátiles y teléfonos inteligentes puede llevar a serios problemas de conducta y retrasos en el desarrollo social de los niños. Sobre todo, las consecuencias de la adicción a los «amigos digitales» se evidencian cuando los niños alcanzan la edad escolar. No obstante, los científicos no niegan los factores positivos relacionados con la utilización de estos dispositivos, ya que varias de las aplicaciones formativas pueden ayudar a desarrollar áreas específicas del cerebro y, a la vez, calmar a los niños.

La facilidad de uso hace que las tabletas y los teléfonos inteligentes sean muy populares entre los padres ocupados, que los utilizan para pacificar a sus hijos durante los viajes en coche, salidas al restaurante o mientras están en casa entretenidos con los quehaceres domésticos. Y muchos se sienten un poco menos culpables por ello al pensar en el valor educativo de las aplicaciones y juegos que divierten a sus hijos. Con todo eso, los médicos insisten en que los padres deben limitar seriamente el tiempo que sus críos utilizan los dispositivos electrónicos portátiles y asegurarse de que ellos dediquen el tiempo suficiente a dormir, leer e interactuar con adultos y otros niños.

E. Desarrollo espiritual.

Un niño de esta edad necesita saber que Dios hizo todo lo que ve a su alrededor: su amoroso gatito, esas deliciosas bananas, el agua fresca y las hermosas flores. A medida que advierta más cosas en su entorno se irá dando cuenta de que todo lo bueno y perfecto viene de Dios.

Algunos chicos despiertan más rápidamente que otros a las cosas espirituales, por lo que comienzan a hacer preguntas que al fin los pueden llevar a ser salvos a una temprana edad. Durante esta etapa de su vida nuestra hijita tuvo la experiencia traumática de ver cómo un auto atropellaba a su perrito. Empezó a interrogarnos acerca de si su mascota había ido al cielo para perros. La apaciguamos contestándole que Dios ciertamente debía tener un lugar para los perritos de los niños como ella. Luego nos preguntó si ella iría al cielo cuando muriera. Le explicamos muy sencillamente que sí iría, pero primero debía invitar a Jesús a entrar en su corazón. Nos respondió: «Quiero invitar a Jesús ahora mismo». Oramos, y estoy firmemente convencida de que ese mismo día, a la edad de cuatro años, recibió la salvación.

Hoy recuerda ese día como el momento en que fue salva. No todo niño, sin embargo, hará una decisión por Cristo a tan temprana edad. Es importante que los padres vayan dando un paso tras otro, cada día, hasta guiar a sus hijos a una relación vital con Cristo.

F. Lecturas.

Otra vez me gustaría reafirmar el enorme valor que tienen los libros en la vida de un niño. Los trabajos de investigación revelan que hay una relación estrecha entre la cantidad de lectura que se le da a un niño de esta edad y su éxito en la escuela. El niño de edad preescolar necesita tanto libros que contengan ficción como hechos reales. La literatura de ficción aumenta su imaginación y sus facultades creativas; la literatura realista le da los conceptos básicos para la comprensión de Dios y del mundo.

Le sugiero que visite la biblioteca pública de su localidad, y también su librería evangélica favorita, donde podrá conseguir libros apropiados para esta edad.

G. Conclusión.

No hemos hecho, de ninguna manera, un estudio exhaustivo del niño de cuatro años. Estas observaciones estaban destinadas a servir como guía adicional y un estímulo para que un padre sepa lo que está haciendo correctamente. Esta debiera ser una etapa feliz, tanto para el niño como para sus padres, y si se siguen los sanos principios básicos de la Biblia, entonces la etapa de los cuatro años de vida puede ser un gran avance para el establecimiento de una buena relación estable entre padres e hijos.

A esta altura ya es posible ver un progreso bien definido en su vida, que va desde el momento en que era un bebé indefenso, hasta este pequeño que ya tiene una buena base para convertirse en un adulto responsable. Un buen lema para padres de niños de cuatro años debería ser: «Nunca haga por su hijo lo que este puede hacer por sí mismo». Recuerde que al final de esta etapa usted habrá contribuido a desarrollar el 50% de todo el potencial intelectual que habrá de poseer en su vida.

6

LA CAJA DE ARENA, LAS RODILLAS MAGULLADAS Y LOS DÍAS DE ESCUELA

Desde este momento en adelante los niños avanzarán más individualmente y habrá tanto superposición de temperamentos como límites indefinidos para los diversos acontecimientos de la vida de niño. A pesar de ello, he procedido a clasificar temas que tienen algo en común, colocándolos por áreas generales en las que es más probable que aparezcan. Cuento con la flexibilidad de los padres y las madres en no exigirme un plan excesivamente rígido.

A. Días de escuela.

Algunas veces he observado que todo lo que les interesa a ciertos padres es lograr que sus hijos acepten al Señor Jesús en su vida y luego dejan de preocuparse por toda la influencia perniciosa que puede tener su educación secular. Más de un niño ha sido guiado amorosamente a Cristo sobre las rodillas de su padre para luego ser abandonado al efecto destructor de las escuelas públicas. Padres sabios son aquellos que se preocupan en conocer las escuelas de su localidad. Hable con los maestros y, sobre todo, fíjese qué textos usan y, si es posible, presencie algunas clases en los diferentes niveles.

Si usted vive en una ciudad en donde no hay la posibilidad de elegir escuela, entonces su tarea en el hogar adquiere mayores dimensiones, en la medida en que usted tendrá qué buscar contrarrestar todas aquellas posibles influencias negativas que la escuela pueda tener sobre su hijo. Debiera saber, además, que no todos los colegios cristianos alcanzan un nivel de enseñanza satisfactorio, como sucede también con las escuelas públicas. Ahora muchas escuelas cristianas han avanzado tanto que están por encima del nivel de las escuelas públicas. Cada una tiene sus beneficios y desventajas que deben ser investigados. A la larga, sin embargo, yo preferiría correr el riesgo de mandar a mi hijo a una escuela cristiana y luego enriquecer su información en el hogar, que mandarlo a una escuela pública y luego tratar de deshacer mucha de la influencia nociva que reciba allí.

Me pareció muy buena la ilustración hecha por Kenneth y Elizabeth Gangel en su libro, *Entre padre e hijo*. Allí afirman que hay tres clases de influencias sobre la vida del niño durante las horas de vida activa que lleva en la semana. Se dividen como sigue:

- *Escuela:* 35 a 40 horas semanales
- *Iglesia y programas afines:* 5 a 6 horas por semana
- *Hogar:* las horas restantes

La escuela ocupa casi la mitad de sus horas activas semanales. Cuando estas tres fuentes de influencia concuerdan respecto a valores y verdades, juntas cooperan para formar al niño. Cuando alguna de las tres áreas presenta una visión conflictiva o contradictoria, entonces las otras dos deben compensar, proveyendo la formación correctiva para anular los efectos de aquella.

¿Por qué presento este problema a una edad tan temprana? Porque es la edad para comenzar una formación adecuada desde el comienzo, cuando el niño es más impresionable y fácilmente influenciable.

Esta es la etapa en que muchas madres pasan por un choque emocional porque se dan cuenta de que su pequeño angelito está a punto de entrar al mundo cruel y que jamás volverá a haber la misma relación ininterrumpida entre madre e hijo. No solo tendrá que compartir su niño con una maestra que ejercerá una enorme influencia sobre él, sino que estará fuera de su cuidado durante 30 o 40 horas por semana. No es extraño que más de una madre vierta algunas lágrimas ese primer día de clase, al verlo partir emocionado a conquistar su nuevo mundo. Luego vendrá el choque, casi intolerable, cuando lo escuche desafiar la autoridad paterna y decir: «Pero mi maestra dice que se debe hacer así».

Algunos niños desarrollan un estado de angustia muy real ante la idea de separarse de sus padres, y temen ingresar a la escuela. Pueden mostrarse entusiasmados al salir de la casa, pero para el tiempo que llegan a la escuela, sienten temor porque la maestra y los otros niños les son extraños. Esto puede hacer que se acobarden en el momento en que los dejan frente a la puerta de la escuela, y se aferren a las piernas de mamá, en busca de protección. Ha habido escenas desagradables y altamente emocionales frente a las puertas de muchas escuelas.

La mayoría de las escuelas tratan de disminuir la ansiedad invitando a los padres a visitar las instalaciones junto con sus hijos antes de tener que dejarlos solos allí. Sin embargo, la forma más eficaz de preparar al niño para enfrentar la separación del hogar, es la propia actitud sensata del padre que se prepara para ese día. El niño que ha pasado por la etapa de la guardería para preescolares, que suele haber en las iglesias, estará varias leguas de ventaja en relación con el niño que nunca ha sido dejado en una guardería. Ya se habrá familiarizado con la experiencia de que luego de una breve separación, papá y mamá siempre aparecerán para buscarlo. Los niños pequeños que están acostumbrados a salir o han tenido una ocasional niñera estarán en mejores condiciones de adaptarse el primer día de clase.

El padre no debe dar muestras de estar agitado, abochornado o enojado, no importa cuán grande sea la conmoción que provoque el niño el primer día. También es un error esperar que el chiquillo esté entretenido con algún juego para aprovechar y desaparecer. Un niño presa de ansiedad no puede menos que suponer que si su padre actúa así, no es una persona confiable. Los padres sabios son los que instruyen al niño con tiempo acerca del hecho de que todo chico que va a la escuela debe permanecer allí de comienzo a fin.

Algunas madres han observado que les es más fácil a los niños dejarlas a ellas, que ser ellas las que los dejen. Ante esta posibilidad tal vez sería conveniente arreglar con algún adolescente amigo para que lo lleve consigo los primeros días. De ese modo será él el que «deje a mamá en casa». No será ella quien lo deje a él en la escuela.

Es muy probable que el niño de temperamento flemático sea aquel al que más le cueste arrancar de la casa y adaptarse a un ambiente que no le es familiar, a menos que sus padres hayan tenido éxito en prepararlo emocionalmente para el cambio. Se atemoriza más, por naturaleza, por lo que requerirá más tiempo que los otros lograr que se adapte a la idea del primer día de clase.

El sanguíneo se sentirá muy bien en el instante en que llegue, cuando vea a otros niños en la escuela. Todo temor que haya podido albergar desaparecerá de inmediato. Es muy probable, en efecto, que sea él quien se dedique a consolar a otros niños asustados que no se atreven a integrarse a las actividades.

No será difícil localizar al niño colérico el primer día de clases. Estará allí dando órdenes acerca de cuál puerta se debe usar y tendrá pleno control del tobogán o de cualquier conjunto de juegos que encuentre. El temor no es uno de los componentes de su temperamento. Sabe que la escuela es algo que hay que hacer necesariamente, de modo que la enfrenta con toda naturalidad.

Al melancólico le costará participar en las tareas grupales. Se mostrará un poco receloso y hará preguntas acerca de si su mamá vendrá a buscarlo después de clases. Su atención quedará puesta en algo que pueda hacer calladamente por sí solo. Requerirá preparación para tener una actitud mental positiva para ir a la escuela.

Uno de nuestros hijos pasó por dificultades cuando tuvo que ir a la escuela. Pasamos varios meses preparándolo para que tuviera una actitud positiva en cuanto a la escuela y se adaptó a la perfección en las primeras tres semanas. Partía lleno de alborozo y regresaba cada día expresando satisfacción con su maestra y sus nuevos amigos. Al cabo de tres semanas tuvimos que mudarnos, por lo que le tocó no solo adaptarse a una nueva ciudad y a una casa diferente, sino a una nueva escuela. Toda la preparación que intentamos implementar no bastó. Fue una experiencia traumática tanto para él como para nosotros, pero con gran amor y paciencia le brindamos la seguridad necesaria para ir superándola poco a poco. Hoy es un hombre que ha podido desarrollar una vida adulta normal.

Viéndolo desde el ángulo optimista, la desolación que experimenta un niño el primer día de clase, aunque sea un episodio molesto, no deja de ser una parte normal de la vida y de ninguna manera significa que la criatura quedará traumatizada.

B. Crecimiento mental.

No deja de ser emocionante observar cómo el niño de primer grado comienza a reconocer palabras y desarrollar un sentimiento muy especial de autorrealización. Cuando llegue a su tercer año escolar ya habrá desarrollado mucho vocabulario y estará en condiciones de leer en voz alta para los demás.

Los logros académicos durante esos años de vida son fantásticos. Pasará de tener escasos conocimientos a entender las matemáticas, la lectura, la escritura, los conceptos científicos y lingüísticos. Está lleno de curiosidad y entusiasmo por aprender. Recuerde que el 80% de su capacidad de asimilación ya habrá sido usada cuando cumpla los 8 años de vida. Es conveniente ofrecerle muchas oportunidades de aprendizaje. Es muy receptivo para captar estímulos intelectuales, por lo que debiera ser desafiado y estimulado para aumentar su capacidad. ¡No desestime su potencialidad!

C. Crecimiento físico.

El escolar ya ha adquirido más coordinación y mayores habilidades musculares. Le gusta más hacer cosas por sí mismo que observar cómo las hacen los demás. No pretenda que quede mucho tiempo quieto en un lugar. El tiempo en que mantiene el interés todavía es limitado. Pareciera que sus músculos se cansan rápidamente de estar en la misma posición, lo que hace que se mueva mucho y se inquiete. Es joven y activo pero se cansa con facilidad. Por esa razón debiera estar en cama temprano, para obtener el descanso adecuado.

Sus programas televisivos no debieran contener escenas de violencia o de peligro, lo que le causará pesadillas o sueño intranquilo. En efecto, cuanto menos televisión vea, tanto mejor estará en condiciones de relajarse para dormir.

Pareciera crecer por tramos. El comentario más frecuente de madres de niños de esta edad es que nunca pueden estar al día con la compra de zapatos y ropa que les queden bien debido a la velocidad con que crecen. Lo que crece más rápidamente son sus brazos y sus piernas, lo que les dará un aire más delgado y espigado.

La marca que los distingue a todos es la sonrisa desdentada y los dientes irregulares. Tendrá dientes grandes creciendo a la par de sus dientes de leche. Es muy obvio que ha avanzado muchísimo en estos años.

D. Crecimiento espiritual.

El niño de esta edad desarrolla rápidamente conceptos de Dios y puede estar en condiciones de aceptar a Cristo como su Salvador. El padre debe estar atento a las preguntas que haga acerca de Dios, del cielo, de la muerte o del pecado. Tenga cuidado de no forzar al niño a hacer una decisión acerca de algo que no entiende. No todos los niños de esta edad están en condiciones de aceptar a Cristo. En estos casos es mejor seguir guiándolos para que comprendan más acerca de Dios y de Jesús. Sin embargo, si usted cree que él está listo y entiende lo que está por hacer, entonces no titubee en guiarlo para que acepte a Jesús en su corazón. Debe entender que es solo debido al amor de Dios que él puede recibir el perdón de sus pecados.

Suele resultarle un placer asistir a la escuela dominical y anhela que llegue el domingo porque, para él, es el mejor día de la semana. Con todo, la actitud que los padres guarden hacia la iglesia y hacia la escuela dominical terminará gradualmente siendo asimilada por el niño, ya sea esta positiva o negativa. Debiera estimulársele la memoria para aprender versículos bíblicos, pero versículos accesibles a su comprensión y que él pueda aplicar.

E. Entrenamiento especial.
Hay varias áreas en las que los niños necesitan entrenamiento especial durante esta etapa de su crecimiento. Una de ellas es el aprendizaje de las normas sociales básicas. Los niños pequeños no son automáticamente corteses. Esto solo les viene con el aprendizaje. Quieren que todo el mundo los escuche cuando ellos hablan, pero si se les educa, aprenderán a escuchar lo que otros tengan que decir. Las tres palabras más importantes que se deben enfatizar a esta edad son: «por favor», «gracias» y «discúlpame».

La forma más efectiva de lograr que aprendan es practicar la cortesía en el hogar. Cuando los padres y los niños practican la cortesía en el hogar, entonces es mucho más fácil que todos lo hagan con naturalidad en cualquier situación en que estén.

Es preciso estar continuamente enseñándole a compartir sus juguetes y pertenencias, ya que los niños son egoístas por naturaleza. Tienen que aprender a «dar» y a «recibir». Aun cuando puedan poseer un temperamento generoso por naturaleza, es probable que pasen por una etapa de egoísmo a esta edad. Se sentirán el centro de su propio universo, y es preciso enseñarles que no siempre pueden ser los primeros en todo o tener siempre lo mejor.

Las rabietas suelen acabarse a esta edad, pero si es sanguíneo o melancólico puede que pierda los estribos. El niño que responde al castigo con una manifestación de enojo, es evidente que necesita una buena dosis de disciplina correctiva. La pregunta que suele aparecer con más frecuencia en nuestros seminarios es: «¿Qué se hace con los chicos que lloran de rabia después de una paliza?» o, como dicen en África, «¿después de una deshollejada?»

Después del seminario que celebramos en África del Sur, tuve que atender a ocho parejas de padres que se pusieron en línea después de la reunión, y todos me preguntaron qué hacer con los niños que reaccionaban con un ataque de rabia después que se les castigaba. Mi contestación, cuando se trata de niños de esta edad, es terminar primero el castigo por la desobediencia; luego, cuando se hace evidente que da alaridos de rabia y no de dolor, enfrentarlo y decirle en voz muy calmada y natural: «No te enojes». Asegúrele que el castigo de la desobediencia anterior ya ha terminado y que usted lo ha perdonado, que ahora es preciso olvidar lo que pasó.

Su explosión es una cuestión aparte y debe ser enfrentada. Si lo puede decir con franqueza, explíquele que papá y mamá no estallan de rabia en esa forma, que esta es su casa y que usted quiere que sea un lugar de paz y armonía. Entonces la segunda paliza irá por su arranque de furor. Debiera ser lo suficientemente fuerte como para enviar una señal a su cerebro de que esos arranques tienen caras consecuencias y que no vale la pena repetirlos una segunda vez. Quizá sea necesario insistir con la lección más de una vez, pero al final registrará el hecho de que su enojo no es algo aceptable para usted.

Cuando le pase el enfado y acabe la tormenta, sería bueno entablar con él una conversación acerca de lo que la Biblia tiene que decir acerca del enojo. Procure mantener los términos suficientemente sencillos para que lo entienda, pero es necesario que él sepa que usted cuenta con la Palabra de Dios para apoyarle. Es inútil tratar de compartir estas ideas mientras él está en mitad de su rabieta. Proverbios 19.18-19 dice: «Corrige a tu hijo mientras aún hay esperanza; no te hagas cómplice de su muerte. El iracundo tendrá que afrontar el castigo; el que intente disuadirlo aumentará su enojo».

Mucho de su comportamiento estará condicionado por lo que él piense de sí mismo. Cuando un niño cree que es «malo», por lo general actúa de esa forma; y si una chiquilla cree que es «estúpida» es probable que haga cosas que la hagan aparecer como tal. Es importante que los padres refuercen la autoestima que el niño tiene de sí mismo, refrenándose de ridiculizarlo, criticarlo o menospreciarlo. Cuando haga algo que merezca un comentario de alabanza de su parte, no deje de hacerlo. Usted contribuye a forjar su autoaceptación y su confianza por la manera en que le hace sentir que aprueba lo que hace y lo acepta tal como es.

Si su criatura todavía tiene el problema de que moja la cama, a pesar de sus pañales desechables, bajo ningún concepto lo castigue o le haga pasar una vergüenza. Es muy probable que esté totalmente dormido y no tenga conciencia del impulso que lo haría ir al baño estando despierto. Se sentirá abochornado, humillado y necesitará de su amor más que de su crítica y desaprobación. Ni siquiera debe mostrar exasperación. Hágale saber que usted comprende perfectamente el problema y desea ayudarlo para que lo supere.

F. Características especiales.
Esta es la edad en que se sienten atraídos por el sexo opuesto. Los muchachitos suelen enamorarse de las niñas y hasta llegan a decidir cuál es la que eligen para casarse cuando sean grandes. A los varones les gusta hablar de su novia y hasta suelen pavonearse de cuántos besos le han dado, pero a medida que crecen cambiarán de actitud porque no desean que los demás se burlen de ellos.

Esta es la edad de las preguntas llenas de contenido. La mejor forma de educación sexual es ir contestándoles las preguntas a medida que surjan, respondiéndolas con franqueza, en forma directa y natural, con toda sinceridad. Si usted evita tener que hablar de estas cuestiones con sus hijos, puede quedarles la impresión de que desaprueba estos temas y que son cosas «sucias» o «prohibidas». Usted y no otro, debiera ser el indicado para informarles acerca de las cuestiones de la vida, así que compruebe si la información que tiene es la correcta y si ha sido fundada sobre principios de moralidad.

G. Lectura.
Quizás a esta altura usted haya llegado a captar lo que quiero decir acerca de los libros para niños. Espero que ya tenga bien cimentada la costumbre de leer junto con su hijo. A medida que avance en edad, el pequeño comenzará a querer leer por sí mismo. Estimúlelo a hacerlo. Vaya con él a la biblioteca y cuide que no saque libros que sean demasiado difíciles para su comprensión. A nuestros hijos les gustaba leer libros solos pero todavía manteníamos la sesión de «lectura en voz

alta», que abarcaba a varios miembros de la familia. De esa manera era posible compartir la emoción de los libros que estaban por encima de su propia capacidad de lectura.

Usted descubrirá muy pronto que la respuesta que su hijo dé al hábito de leer dependerá en parte del temperamento que posea. El sanguíneo querrá pasar las hojas desde la primera hasta la última con rapidez, para poder saber cómo termina la historia. O escuchará con poca atención y querrá salir a jugar afuera con sus amigos. Si usted lo estimula, logrará que continúe escuchando. Descubrirá que le resulta fácil llorar en las escenas tristes y reír en las jocosas. El colérico también prefiere estar afuera jugando, que sentado escuchando un cuento o leyendo un libro. La manera de mantener su atención, sin embargo, es eligiendo historias que estén llenas de aventuras. Una vez que aprende a leer, aunque sea un poco, preferirá hacerlo por sí mismo que escuchar la lectura de otros. El que verdaderamente gozará de la hora de cuentos es el melancólico. Es probable que quiera sentarse en sus rodillas mientras usted lee, y se sentirá involucrado en particular con cada personaje. Al flemático le resultará agradable sentarse largo rato con un libro. Aunque el cuento no le interese, lo mismo seguirá allí muy quieto, aun cuando es probable que su mente se haya ido muy lejos.

Es de vital importancia que los padres estén alertas para observar la capacidad de lectura de sus hijos. Observen si progresan. En el tercer grado ya deberían poder leer con expresividad y comprensión. Pídale a su hijo que le lea de vez en cuando alguna historia y muestre verdadero interés en su progreso. Es probable que necesite ayuda especial durante los primeros años de escuela. Si no aprende a leer bien, se verá limitado en lo que pueda hacer para Dios en los años venideros. Recuerde: «Somos lo que leemos».

7

Las tablas de multiplicar, los patines y los deseos de acicalarse

Los próximos años se caracterizarán por un interesante conflicto entre mantenerse leal a la pandilla o pelearse con ella; entre odiar al sexo opuesto y acicalarse para beneficio de este; entre detestar la escuela y disfrutarla. Estos años están llenos de energía, entusiasmo, discusiones y aprendizaje.

Cualquier padre con hijos de esta edad disfrutará más de su criatura si aprende a relajarse y tomar ocasionalmente las cosas con una dosis de buen humor. Tenga cuidado de no convertirlo en un ser complejo. Si ya ha sido capaz de detectar su temperamento, comprenderá mejor por qué su cuarto está siempre tan desordenado, por qué tantos ratos hablando con el director de la escuela, por qué se pelea con sus mejores amigos, o por qué usa su mejor par de pantalones para jugar al fútbol. La forma en que usted ha sabido disfrutar de su hijo y guiarlo en medio de estos altibajos tan extremos y exasperantes, determinará en gran medida la relación que logrará tener con él en su adolescencia. Sea un estímulo para ellos y encamínelos. Usted estará edificando sobre la base que sentó unos pocos años antes.

A. Aprendizaje: ¿carga o placer?

La escuela es una necesidad, aunque puede ser una gran carga para algunos niños. Su temperamento juega un papel importante en su actitud hacia la escuela. Cuando suena el timbre de salida al final de la clase, habrá algunos alumnos que correrán a la puerta de entrada como si el edificio estuviera en llamas, mientras que otros seguirán dando vueltas por la escuela mucho después de la hora de salida. El sanguíneo y el colérico se atropellarán para llegar primero a la puerta de salida. En efecto, es probable que estén fuera del edificio antes de que termine de sonar el timbre. No es que estén ansiosos de llegar a casa y ver a mamá, lo que les encanta son los deportes y las competencias, y apenas pueden aguantar hasta llegar al campo de juegos después de clase.

El sanguíneo disfruta de cualquier tipo de diversión siempre que sea con otros de su edad. Cuando los demás empiecen a irse, él también se irá a casa. Pero el colérico será el último en retirarse, sobre todo si se trata de juegos organizados. Tiene una fuerte tendencia a querer ser el ganador y querrá seguir jugando para lograrlo, o ganar por segunda o tercera vez. A ninguno de estos temperamentos les preocupa mucho cumplir con sus deberes para el día siguiente.

El melancólico se irá quedando atrás después del timbre de salida, por muchas razones. Una de ellas quizás sea que esté pasando por una crisis de enamoramiento de su maestra y querrá quedarse a ayudarla y estar cerca de ella. Querrá limpiar el pizarrón, sacudir los borradores o hacer cualquier otra cosa. También le preocupará no saber bien cuáles son las tareas para el día siguiente y querrá preguntarle a la maestra de nuevo. Y, por supuesto, se llevará todos los libros a casa, para estar seguro de que tiene el que le hace falta.

El más lento en salir probablemente sea el flemático. Empezará a limpiar su pupitre después que haya sonado el timbre. Acomodará y reorganizará sus cosas una y otra vez. Luego, cuando al fin termine de salir de la escuela, irá todo el trayecto hurgando sus cosas. Pateará cada piedrecita y se acercará a cada perro o gato que vea. Cuando por fin llegue a casa se acordará que olvidó traer su cuaderno de deberes.

A esta edad, independientemente de su actitud para salir de la escuela cada día al final de clases, es preciso estimularles para que estudien y piensen. Es necesario desafiarlos a ejercitar la mente. Cuando hacen preguntas sería preferible que el padre los guíe para encontrar la respuesta por sí mismo, más que dársela él. Ayude a su hijo para que establezca buenos hábitos de estudio, especialmente al sanguíneo o al flemático, que tienden a haraganear y perder el tiempo en otras cosas. Provéales la atmósfera y los elementos necesarios para estudiar.

Cuando la televisión está a todo volumen y la familia anda a los gritos por la casa, es difícil para cualquier ser humano sentarse a estudiar. Los padres no deberían jamás hacerles los deberes a sus hijos, sino mostrar interés genuino en sus tareas y comentar con ellos lo que hacen. Al niño le impresiona y lo estimula notar que sus padres tienen un interés real en lo que él estudia.

A la mayoría de los niños y niñas de esta edad les encanta leer; el padre sabio estimulará esta cualidad natural. Entrará en esta etapa leyendo con cierta lentitud, pero muy pronto desarrollará su habilidad en la lectura y podrá adquirir la velocidad necesaria para leer con comprensión. Cualquier ayuda que el padre pueda brindarle para mejorar su habilidad en la lectura lo beneficiará para el resto de su vida.

Nosotros tuvimos la suerte de vivir cerca de una biblioteca pública durante esa etapa crucial de nuestros hijos. Esa biblioteca patrocinó un programa de tres meses para mejorar la lectura de los niños del vecindario durante una de las vacaciones de verano. Era un programa competitivo y los niños de esta edad gozan de entrar en competencias, ya sea en tareas deportivas o escolares. Un gran cartel estaba colgado en la entrada de la biblioteca con el nombre de los chicos que integraban el concurso, para que todo el mundo lo supiera. El programa requería que cada competidor leyera un mínimo de dos libros por semana, por eso idearon un sistema muy eficaz para saber si el niño había leído el libro y lo comprendía. Un verano nuestros hijos leyeron tantos libros que tuve que limitar sus horas de lectura para restituir el equilibrio de sus actividades. Pero la lectura benefició enormemente su vocabulario y su capacidad de captación. Es importante que el niño de esta edad no lea solo para escaparse de la realidad. Si se siente inferior a sus compañeros podrá huir y refugiarse en la seguridad que le brinda un libro. Así que es preciso mantener un equilibrio sano, para un desarrollo armonioso.

La lectura abre nuevos centros de interés. Ayuda a los niños a despertar su curiosidad y desear información acerca de los hechos de la ciencia, de personajes famosos, de la historia, la geografía y las historias bíblicas. Los libros ayudan a ensanchar los horizontes de los niños. Estoy convencida de que los libros se vuelven más interesantes cuando se limitan las horas de televisión, internet y videojuegos en el hogar. Los libros y los medios electrónicos no hacen una buena combinación. Los buenos libros estimulan la imaginación y las habilidades creativas de cualquiera.

Hay muchos buenos libros con los que debieran familiarizarse los niños de esta edad. En efecto, la lista es tan larga que sería inútil comenzar a sugerir algunos.

B. Energía para jugar, pero no para trabajar.

Por desdicha, gran parte de la energía juvenil se va en lo único que quieren hacer a esta edad: jugar. ¡Cuántas veces los adultos desearían poder embotellar parte de la energía sin límite que poseen los niños para llevar a cabo tareas más productivas! La niña y el varón de esta edad tienen una gran capacidad de resistencia para el deporte, pero odian tener que cumplir tareas.

Una vez observé la energía con que un grupo de chicos limpiaba «jugando» un espacio de nieve para patinar, pero si sus padres les hubieran pedido que limpiaran la nieve de la vereda, lo habrían considerado un «trabajo» y en consecuencia hubieran detestado la idea. Están llenos de vitalidad y necesitan ser guiados para que esa energía sea usada en forma constructiva, no destructivamente. Es increíble la rapidez con que desaparece su entusiasmo cuando se les pide que laven los platos de la cena. Se pueden usar pequeñas formas disimuladas para lograr que hagan las cosas, tales como hacerles una propuesta:

«Después que laven los platos los desafío a un partido de...»; es decir, apuntar a una meta posterior a la tarea que deben cumplir.

C. El pecado es pecado.

El niño de esta edad ya tiene la madurez suficiente para saber que lo malo es malo y apreciar el sentimiento de culpa que acarrea el pecado. Algunos niños ya han recibido a Cristo para el tiempo de entrar en cuarto grado, pero las estadísticas muestran que mayor número lo hacen después de entrar a su décimo año de vida. A esta edad sus corazones ya están preparados para este paso y sienten la necesidad de ayuda para sobreponerse a la tentación. Si la madre y el padre han preparado bien el camino en la etapa anterior, entonces debería ser algo natural para él aceptar a Jesucristo en este momento de su vida.

Es preciso repetir, sin embargo, que más influencia tendrá la actitud de los propios padres hacia la iglesia, la escuela dominical y hacia Jesucristo, sobre todo cuando lleguen a la adolescencia. Cuando un padre se queda en casa cada vez que le viene un «dolor de cabeza dominical», o porque en la televisión están pasando un partido de fútbol con su equipo favorito, muy pronto su criatura comenzará a reaccionar con el mismo espíritu.

Ya que esta es una etapa tan importante en el desarrollo de la vida espiritual de una persona, es vital que la escuela dominical le brinde lo mejor posible. Los maestros más capaces y llenos del Espíritu Santo de la escuela dominical deberían estar a cargo de este período de la niñez. La doctora Henrietta Mears dijo una vez que un niño preadolescente no debería pasar esta etapa de su vida sin recibir a Cristo. Cada maestro de este departamento debería estar apuntando hacia esa meta. ¡Ay del maestro que es negligente y descuidado para orar y prepararse para esta importante hora de cada semana, en la que tendrá bajo su influencia a niños de esta edad!

La educación del niño en relación a Jesucristo y a la vida cristiana debería empezar en el hogar, y en una etapa temprana. Eso se convierte en la aceptación natural de conceptos espirituales que el niño puede adaptar a su vida personal. Las oraciones y la enseñanza cuidadosa de los padres, sumada a la que reciba en la escuela dominical, guiará al niño a aceptar a Jesucristo como su Salvador.

D. El culto familiar.

La adoración familiar es una parte muy importante del aprendizaje de un niño, pero en demasiados hogares esto se ha convertido en una rutina sin vida que se hace mecánicamente, después de la comida, y que a toda la familia le resulta aburrida. No hay ningún valor espiritual en hacer sonar el gong y anunciar la «hora del culto familiar». Dado que la Biblia no nos dice de qué manera debe conducirse la enseñanza espiritual del hogar, ¿por qué no usar un poco de imaginación y darle más variedad e interés? Sugiero que la hora devocional de la familia sea una muy informal en la que todos puedan participar. ¿Tiene necesariamente que ser después de la comida? Puede ser durante ella, con una discusión dirigida y programada por el papá, en la que todos participan. El papá puede finalizar haciendo referencia a la Palabra de Dios. Esto puede ser práctico, interesante y adaptable a cualquier edad. Los niños de esta edad disfrutan participando de este estilo de devocionales porque no tienen que sentarse simplemente a escuchar, sino que pueden participar también. Esta es una ocasión ideal para enseñarles prácticas cristianas para la vida.

E. Características especiales.

El preadolescente se siente cohibido en relación a cualquier muestra pública de afecto. Quiere que se le brinde afecto, y necesita amor, pero no debe exagerarse la cuota, especialmente con los varones. Cuando viene la tía Matilde de visita y le da un tremendo beso y un abrazo, el pobre chico es capaz de hacer cualquier cosa. Uno de nuestros hijos solía desaparecer cuando venían ciertos amigos a visitarnos. A esa edad le resultaba demasiado intenso el despliegue de afecto que esa gente exteriorizaba.

Más que obligarlo a estar presente cuando llegue la tía Matilde y permitir que ella lo abochorne y humille con sus demostraciones, páselo por alto. Si él decide desaparecer por un rato no lo vaya a buscar ni a arrastrar hasta donde está la gente. Tarde o temprano volverá inadvertidamente a integrarse al grupo familiar. Obligarlo a actuar en contra de sus emociones convertirá el incidente en un problema mayor. Los padres todavía deben desplegar su afecto con estos hijos, pero con discreción. No insista en besarlo frente a la escuela cuando lo lleva a clases. Guarde sus besos para el momento privado en que lo despide al irse a dormir. Mi esposo siempre solía ir a sus dormitorios una vez que estaban en la cama, para arrebujarles las colchas alrededor del cuello y darles un beso a cada uno mientras les decía lo mucho que los quería. Pero en público todos parecían comprender tácitamente que un toque en el hombro o una palmada en la espalda, equivalían a un beso.

A las niñas no parece afectarles tanto este asunto. Nuestras hijas parecían poder lidiar con las demostraciones públicas de afecto con más naturalidad que nuestros hijos varones. Es aquí donde el temperamento juega un papel importante en la manera en que una niña responderá al afecto, además de lo que se le haya podido inculcar en años anteriores. Toda niña debería sentir libertad para sentarse en la falda de su padre y ponerle los brazos al cuello. Esta es la mejor preparación que puede tener una niña para convertirse en una esposa cariñosa y receptiva. Si una niña de esta edad no tiene una relación cálida y franca con su padre, entonces le será difícil tener una relación amorosa con su esposo.

Los varones preadolescentes creen que las niñas son «tontas» y «estúpidas», y las preadolescentes opinan que los varones se «pavonean por nada» o «son una peste». Por muchos años estuve a cargo del departamento de preadolescentes de nuestra iglesia. Una característica exclusiva que observé en ellos, fue que los varones no se querían sentar en la misma fila que las niñas y viceversa. En efecto, la mejor fuente de sana competencia provenía de poner a los varones en un equipo y a las niñas en otro.

El rechazo del sexo opuesto intensifica el espíritu de fidelidad hacia el grupo, sobre todo en el sexo masculino. Les gusta hacer cosas en grupo más que en forma individual. Entre los varones, hay un verdadero sentimiento de lealtad hacia los que pertenecen a un mismo grupo, mucho más que entre las niñas. Las niñas de esta edad no suelen llevarse muy bien entre sí. Entran en discordia aun con sus mejores amigas.

Es prudente que los padres estén atentos pero no que se involucren en esas rencillas femeninas, a menos que las cosas se salgan de control. Por lo general, la amiga con quien estaba disgustada a muerte la semana pasada se convierte en su mejor confidente a los pocos días. Las niñas de temperamento colérico y melancólico son las que pueden llegar a ser más desagradables con sus mejores amigas.

La exigencia de un trato justo es una característica propia de esta edad. Si algo les parece que no está bien, en seguida saldrán con un «No es justo» o «No vale…». Saben reconocer muy bien lo que es injusto, así que prepárese para admitirlo voluntariamente si es que los ha tratado de modo injusto, y pida disculpas. Años atrás mi esposo castigó a uno de nuestros hijos y luego trascendió que en realidad lo castigó por error en lugar de uno de los otros. Cuando un padre comete un error así debiera estar preparado para admitirlo y pedir disculpas a su hijo. No es suficiente, ni correcto, decir: «Bueno, eso le viene bien por todas las veces que merecía ser castigado y no lo hice». Mi esposo admitió su error y le pidió perdón a su hijo. El muchacho lo miró de frente y le hizo el siguiente comentario: «Está bien, papá. ¡Ya sé que no eres perfecto!» Bien saben ellos que no lo somos, así que, ¿para qué tratar de engañarlos? Muchos años después, mientras hablaba en un seminario para familias, conté esta anécdota de nuestro hijo, ya adulto y padre de dos hijos, cuando él estaba presente. Al terminar nos comentó: «Qué curioso, papá. No puedo recordar esa paliza que me diste». Mi esposo se volvió hacia mí y comentó: «Querida, puedes tener la seguridad que sí la habría recordado si no le hubiera pedido perdón en ese momento». ¡Qué valioso es tratar a nuestros hijos con rectitud, con franqueza y con honestidad!

Muy pocos niños preadolescentes tienen cuidado por su aspecto personal. Pueden estar despeinados, con los cordones de los zapatos desatados, la camisa o la blusa colgando por fuera del pantalón, con manchas de suciedad en la ropa en los lugares en donde se limpian los dedos. La camisa puede estar sucia y arrugada, pero si es su favorita, querrán ponérsela de nuevo. Quizás el flemático sea una excepción a la regla, porque suele estar casi siempre limpio y arreglado. Sin embargo, aun puede comportarse de otra forma a esta edad. Todos necesitan que se les recuerde acerca de cuidar sus pertenencias y mantener un aspecto más pulcro. El cuarto de un preadolescente es una «zona de desastre» si se le deja librado a sí mismo.

Un padre me contó una anécdota acerca de su hija. Su cuarto solía transcurrir en un gran desorden, con la ropa tirada en el lugar donde se la quitaba. Una noche, cuando todos estaban ausentes, sonó el timbre de alarma contra ladrones y vino la policía. Minutos más tarde llegó el hijo que iba a la universidad y encontró a los agentes dando vueltas alrededor de la casa. Le explicaron rápidamente que habían escuchado el timbre de alarma y un policía comentó: «Creo que sé el cuarto en el que lograron entrar. Se ve que han revuelto todo». El agente lo llevó hasta la ventana del cuarto de su hermana y todos se asomaron. En efecto, daba la impresión de que fue completamente revuelto, pero el muchacho comentó: «El cuarto de mi hermana siempre tiene ese aspecto...». La alarma había sonado en falso y los policías se fueron, riéndose para sus adentros.

Esta es un área en la que los padres deben insistir y motivar a sus hijos para que mejoren. ¡No conseguirán nada regañándolos! Requiere el esfuerzo conjunto de padre e hijo para que este asunto marche y aprenda a organizarse. Por lo general preferirá hacerlo solo, pero si sabe que usted vendrá a colaborar, es probable que se sienta motivado a limpiar solo su propio cuarto desordenado. Al término de esta etapa de su vida usted tal vez comience a notar un cambio. Empezarán a quedarse un poco más de tiempo frente al espejo. Las niñas se tomarán más cuidado en ver que su cabello esté rizado o que el vestido les quede bien. Y un día descubrirá que el espejo del baño está constantemente ocupado. Estará, o bien el hijo acicalándose, o bien la hija arreglándose el cabello. ¿Qué es lo que ha provocado tal cambio? Siento decirle que no se trata de que sus enseñanzas al fin han sido escuchadas, sino que acaban de descubrir al sexo opuesto bajo otra luz.

F. Cómo manejar el dinero.
Una parte integral de la educación del niño consiste en ayudarlo a saber lidiar con el dinero. A medida que aprenda esto, irá aprendiendo a ejercer su propio criterio, a aceptar las consecuencias de sus decisiones y a arreglárselas con los problemas que se haya creado él mismo.

1. *Proporciónele una asignación periódica.* Fije una suma (ni muy pequeña ni muy grande) para darle semanalmente. Discuta con él cuáles gastos correrán por cuenta de su asignación. Si se lo gasta todo en un día y tiene que arreglárselas sin nada el resto de la semana, aprenderá más rápidamente que es más sabio repartir los gastos a lo largo de los siete días. O si quiere comprar algo caro, aprenderá que tiene que ahorrar hasta tener la suma necesaria.

2. *No lo castigue por medio del dinero.* No debe confundirse el dinero con la autoridad ni con el amor. Es imprescindible mantener separadas las reprensiones y las alabanzas de toda transacción financiera.

3. *Deje que cometa sus propios errores.* Gastar dinero supone hacer decisiones y todos somos propensos a cometer errores de vez en cuando. No salga al instante de fiador, sino que ofrézcale su simpatía y su consejo. Sin embargo, si ha hecho una inversión imprudente, usted quizá tenga que extenderle un préstamo para que él pueda devolvérselo en base a sus futuras asignaciones. Establezca los términos como si se tratara de una transacción comercial.

4. *Enséñele a ahorrar.* Más que enseñarle a ser ahorrativo por el simple fin de acumular dinero, muéstrele cómo es preciso ahorrar cuando se fija una meta, como por ejemplo, comprarse una bicicleta. Un chico de esta edad no puede sentir incentivo para ahorrar para su educación universitaria, porque sería una meta demasiado lejana para él.

5. *Enséñele a dar el diezmo.* No importa cuán pequeño sea el diezmo, usted le estará enseñando una lección de gran valor.

Si aprende a dar la décima parte de su escasa asignación a esta edad, le resultará más fácil dar su diezmo a medida que se haga mayor.

Cada temperamento responderá a los asuntos relacionados al dinero de una manera diferente; el poder disponer de una cuota de dinero a temprana edad le permitirá adquirir experiencia en base a los errores que cometa. El sanguíneo será un gastador compulsivo; el colérico será el más práctico en el uso del dinero. El melancólico será muy indeciso para gastar y cuando lo haga sentirá el «arrepentimiento del comprador»; el flemático suele ser mezquino y lo gastará todo para sí mismo. Es bueno que el padre observe cómo maneja el dinero cada hijo y luego lo aconseje para un mejor empleo del mismo.

G. Educación sexual.
Aunque la educación sexual ha venido desarrollándose ya en cierto modo desde tiempo atrás, su hijo ya está acercándose a la edad en que querrá hacer preguntas más serias acerca del sexo. Si no las hace probablemente es que esté recibiendo información en el patio de juegos. En ese caso los padres deberían tener la sabiduría para dirigir con naturalidad la conversación hacia esos temas, formulando algunas preguntas iniciales. Es mucho mejor que obtengan los datos directamente de sus padres que de las versiones que les llegan por sus compañeros. Un excelente libro para compartir con sus hijos cuando lleguen a los once o doce años es *Almost Twelve* [Casi doce años] de Kenneth Taylor. Este libro da una explicación simple pero completa de la reproducción humana, tal como Dios la diseñó.

Demasiada información puede ser más perjudicial que no tener la suficiente a esa edad. Ya que naturalmente sienten rechazo hacia el otro sexo, les es difícil manejar datos que traten sobre relaciones tan íntimas. Por otra parte les es necesario saber los puntos fundamentales y tenerlos bien entrelazados con principios morales. Antes de entrar a la escuela secundaria les conviene saber que los placeres de la relación sexual no son solo para ser usados en la reproducción, sino que Dios ha querido que se guarden para el matrimonio.

H. Conclusión.

Esta puede ser una edad divertida. Ya son lo suficientemente grandes como para compartir temas con los padres y trabajar o jugar con ellos. Esta época será lo que usted haga de ella. Me sonrío interiormente cuando escucho a mis hijos, que ahora son grandes, decirles a otros que en su familia se han observado siempre ciertas «tradiciones». Y nombran varias con orgullo. Algunas de ellas se me olvidaron y de otras ni siquiera advertí que eran «tradiciones», pero dejaron una impresión en nuestros hijos, y ahora ellos las señalan orgullosamente como las «tradiciones de nuestra familia». Las familias se acercan entre sí en una hermosa unidad de espíritu por cosas que pueden llamarse «tradiciones», aunque en realidad hayan surgido motivadas por el amor y el compañerismo de estos años de la preadolescencia.

8

LOS TERRIBLES
Y TIERNOS AÑOS

El cumpleaños número trece es una de las cosas más emocionante que le puede suceder a un chico. (¡Para sus padres suele ser la edad más terrible!) Cuando comience a desarrollarse físicamente (si es que no ha dado ya el primer estirón), se acelerará su proceso de independencia.

Ningún período de la vida es más tormentoso que el de la adolescencia, y no solo para los padres, sino para el mismo adolescente. Un minuto actúa como una criatura y al siguiente razona como un adulto. Los coléricos quieren su independencia mucho antes que los otros temperamentos, luego siguen los sanguíneos, después los melancólicos y, por último, los flemáticos. Como ha dicho una autoridad al referirse a las diferencias que ostentan los adolescentes: «Algunas jovencitas de trece años hacen de excelentes niñeras. Otras todavía necesitan una niñera ellas mismas».

Al entrar en esta etapa lo que predomina, más que el temperamento, es el sexo. Es sabido que las niñas suelen ser más maduras que los varones a esta edad, no solo en lo físico sino también en lo mental y emocional. Esto se advierte en el mayor interés de las chicas por el sexo opuesto y en la atracción que sienten por los varones de más edad. Este diferente ritmo de maduración casi siempre se equilibra entre los 20 y 23 años de edad. Pero no espere un cambio en el temperamento.

Encontrará que su hijo adolescente muestra las mismas características temperamentales que tenía cuando era pequeño, excepto que ahora adquieren proporciones más grandes y rasgos más adultos. Si usted cumplió con su deber de padre cuando sus hijos eran pequeños, criar adolescentes puede ser muy entretenido, pero si perdió la oportunidad de moldear su carácter y su temperamento cuando eran pequeños, su tarea en los próximos años se verá excesivamente ardua. El sicólogo James Dobson, especialista en niños, suele decir muy ingeniosamente: «El momento para desactivar esa bomba de tiempo que es el adolescente es antes de los cinco años». Mucho tiempo atrás, mi esposo y yo volvíamos de pasar unas horas de visita en la casa de unos amigos que tenían hijos preadolescentes. Los chicos no solo eran groseros y rebeldes con sus padres, sino que andaban de un lado a otro sin recibir ninguna represión. Mi esposo comentó: «Esa gente va a tener una prueba dolorosa de aquí a unos diez años». Y, por desdicha, tuvo razón.

¿Por qué tantos conflictos?

Entrar en la adolescencia puede no solo ser emocionante para el adolescente, sino también tremendamente alarmante. Significa entrar en el nivel de la enseñanza secundaria y empezar desde abajo, después de haber sido un «grandote de sexto grado», para volver a enfrentar amigos nuevos, desafíos nuevos, caras nuevas. En un par de años quizás ya empiece a salir con alguien del sexo opuesto y poco después querrá tener sus propias llaves del auto. En cuestión de seis o siete años ya estará en la universidad, en algún trabajo o por casarse. En síntesis, el enfrentamiento con la adultez puede ser abrumador, porque requiere lo que la mayoría de los seres humanos temen: el cambio.

Los cambios más significativos que enfrentan los adolescentes son físicos y sexuales. La inocencia de la niñez es reemplazada por impulsos sexuales que les inspiran un sentimiento de culpa. Las niñas suelen pasar por su primera experiencia amorosa, la que les suele causar un «apasionamiento» tan bochornoso para ellas como para sus padres.

Durante el verano que siguió al término de la escuela primaria, una de nuestras hijas se asomó a la ventana y reconoció a una de las adolescentes que más admiraba. «Uf, qué fastidio», comentó con disgusto, «allí va Sara. Me da vergüenza cómo se comporta. Se la pasa coqueteándoles a los muchachos todo el tiempo». Dos años después era yo la que me asomaba y veía a nuestra hija hacer exactamente lo mismo.

Los padres muchas veces se olvidan, y las madres no lo pueden comprender, el trauma que siente un adolescente cuando tiene su primera erección o experimenta la vergüenza y el bochorno que siente después de su primera secreción nocturna de semen. El sanguíneo y el colérico buscarán la explicación a través de sus amigos, quienes les dirán por qué amanecieron «mojados». El melancólico y el flemático se guardarán la experiencia para sí mismos y arrastrarán una carga innecesaria de culpa por algún tiempo.

Debido a esos sentimientos de culpa que surgen con sus primeros impulsos sexuales, el padre no debe extrañarse si los adolescentes evitan muestras de afecto hacia el progenitor del sexo opuesto. Esto suele ser normalmente una etapa temporal, pero es importante que ellos se sientan seguros del amor de sus padres durante este tiempo. No se sienten dignos del amor de ellos, pero los quieren y los necesitan todavía más que antes. Por desdicha su comportamiento hace que se dificulte quererlos, pero es importante que se les quiera. La doctora Henrietta Mears, una gran experta en problemas juveniles en su tiempo, solía decir: «En esta etapa solo los padres pueden querer a sus hijos, y muchas veces el padre se pregunta cómo es posible que la madre los aguante».

Otra razón para causarles conflicto son los fuertes sentimientos de inferioridad y de inseguridad que experimentan los adolescentes. Al entrar al mundo de los preadultos, suelen no sentirse demasiado conscientes de su ineptitud, su inexperiencia, su incapacidad; sin embargo, quieren ser aceptados. En consecuencia, actúan con rebeldía si se les trata como criaturas o cuando no logran llevar a cabo tareas de un nivel adulto. En esta etapa necesitan mucha comprensión, instrucción y estímulo; no una crítica constante. La aprobación de los padres vale más de lo que uno se imagina.

Cuando usted tenga que enfrentar situaciones de este tipo, trate de evitar muestras de exasperación si ve que hacen un desastre de las cosas. Recuerde lo que eran hace solo dos años atrás. No han madurado ciertamente como para pretender que hagan las cosas con una capacidad que está más allá de sus posibilidades. Es importante poder imaginarse al hijo adolescente de la forma en que llegará a ser unos años después: maduro, responsable y capaz. Si piensa que es inepto, haragán o torpe, usted le comunicará ese mensaje aunque no llegue a abrir la boca. Eso solo confirmará sus sentimientos de incapacidad, sobre todo al melancólico, al flemático y, a veces, al adolescente sanguíneo.

Mantenga muy presente que la lucha por obtener reconocimiento como personas se acrecienta cada vez más a partir de los trece años. Su aprobación, toda vez que sea posible darla con honestidad, le dará esperanzas de llegar un día a ser alguien. Si usted no cree en él, él tampoco podrá creer en sí mismo. Es un hecho reconocido que el factor principal para que un adolescente se sienta seguro de sí mismo y llegue a aceptarse, son sus padres.

Otra cosa que contribuye a aumentar el conflicto entre padres e hijos adolescentes durante esos años de crecimiento, es el deseo de los hijos de tener más libertad de la que sus padres creen que están listos para usar. El padre razona: «Muéstrame que eres responsable y te aumentaré los privilegios». El adolescente dice: «Dame más privilegios y te demostraré que soy responsable». Una de las quejas que suelo escuchar a menudo de los adolescentes es: «Mis padres no creen que soy capaz». O: «Mis padres no me tienen confianza». Sin embargo, muchas veces no es cuestión de falta de confianza sino de inmadurez.

El adolescente cree que es más maduro de lo que sus padres lo consideran. Creo que, en general, los padres deberían darles a sus hijos mayor número de responsabilidades adultas; y con ello debería quedar claro que las oportunidades futuras dependerán del grado de responsabilidad que demuestren. Los padres también tienen el derecho de exigirles a sus hijos adolescentes un cuidado razonable de su ropa, su cuarto y sus obligaciones escolares, como base para merecer mayores responsabilidades y privilegios de adulto. No es posible dar contestaciones fáciles acerca de cuándo «soltarles la rienda» y cuándo «frenarlos». Lo cierto es que si un jovencito se comporta como un adulto, entonces es preciso tratarlo como tal. Lo contrario también vale. Lo importante es mantener un criterio apegado a la realidad.

«FDCC» o los cuatro factores

Hasta el día de hoy, nuestros hijos (incluidos los que están casados y están criando a sus propios hijos), todavía se refieren a las siglas «FDCC». Estas representan cuatro factores: familia, diversión, comida y camaradería. Los adolescentes suelen tener mucha energía, excepto para trabajar y, a medida que van creciendo, pueden participar en muchas de las actividades de los adultos. Desarrolle actividades, pasatiempos, deportes, etc., en los que los adolescentes participen junto con toda la familia. Llévelos de paseo, enséñeles juegos y hágalos competir con usted. Puede que le consuma mucho tiempo en un lapso de 6 a 12 años, según el número de hijos que tenga, pero le ahorrará muchas amarguras en los años venideros.

El estilo de vida actual le permite a la gente mucho más tiempo libre del que jamás tuvieron las generaciones de cualquier período anterior de la historia. Mucho de ese tiempo deberían pasarlo juntos como familia, pero es necesario aprender a hacer aquellas cosas que sirven igualmente a adultos y a adolescentes. Eso significa que unas veces habrá que enseñarles algo de lo que disfrutan los padres y, otras, complacerlos haciendo algunas cosas que son pasatiempos favoritos de ellos. Cuando nuestros hijos llegaron a la juventud, mi esposo cambió el golf por el esquí acuático, que podía ser un deporte familiar. (Se dio cuenta de que no podía hacer las dos cosas.) A pesar de que en aquella época yo no sabía nadar, aprendí a manejar la lancha, ¡porque se trataba de un emprendimiento familiar! Poco sospechaba en ese momento que estaba capacitándome para una actividad que luego podríamos seguir haciendo juntos, aun después de la llegada de los nietos. (Un requisito para «casarse» con alguien de nuestra familia es tener habilidad para el esquí acuático o estar dispuesto a aprender.)

Desde que lo conocí, mi esposo fue un fanático del fútbol. En vez de luchar en contra, decidí unirme a él en esa actividad. Ahora disfruto del fútbol casi tanto como él. Cuando los chicos se hicieron adolescentes, el fútbol se convirtió en un evento familiar. Yo solía preparar una canasta de comida y, como solo estábamos en condiciones de ir a la tribuna popular, nos íbamos bien temprano a hacer cola para conseguir buenos asientos. Cada partido significaba unas cinco o seis horas de «familia, diversión, comida y camaradería». Los anales de la historia muestran que el equipo de San Diego nunca obtuvo buena puntuación en los partidos, pero la familia obtuvo una marca bien alta en «espíritu de unidad». Ahora podemos tener los cuatro factores «FDCC» en casa, durante la temporada de fútbol televisado en las vacaciones. Además de esas actividades hemos sumado el esquiar en la nieve y otras cosas. No pensábamos en aquellos años lejanos que nuestros hijos llegarían a ser nuestros mejores amigos.

Y hablando de amigos, todos los temperamentos tienen los suyos, aun el adolescente melancólico, aunque por lo general no tiene muchos. Una manera de impedir que los hijos adolescentes anden dando vueltas con amigos indeseables, es hacer del hogar un puerto al que puedan traer a sus amistades. Y, aun ocasionalmente, llevar a sus amigos en las salidas familiares. Ellos seleccionarán, de manera inconsciente, a aquellos amigos que crean que serán aprobados por su familia. En efecto, si los hijos son de edades bastante cercanas, no es necesario decir mucho cuando aparezca alguno de esos amigos que no parece ser una buena influencia para el chico; sus hermanos y hermanas se encargarán de decírselo, a veces con hiriente franqueza.

El atletismo como herramienta

Hoy, la moda de mantenerse en «buen estado físico» hace que la gente se fanatice asistiendo con regularidad a los gimnasios o practicando ciclismo, andinismo, escalamiento, buceo, corriendo y toda una larga lista de otras cosas que nosotros jamás oímos nombrar cuando éramos adolescentes. Los que entienden dicen que no se trata de una moda pasajera sino de un elemento que se mantendrá en la vida moderna, lo cual parece que es cierto. Así que más vale que usted aprenda a usar todo eso como una herramienta. En su lucha por afirmar su personalidad es importante que sus hijos adolescentes aprendan a hacer muchas cosas y que algunas de ellas las puedan hacer bien.

Todo adolescente quiere ser popular. He notado que los que tienen muchos amigos casi siempre son los que participan en muchas actividades y, por lo tanto, no temen poner a prueba otras nuevas. La chica que sabe jugar a los bolos bastante bien, competir en minigolf sin perder en seguida la pelota y jugar un tolerable partido de tenis, rara vez se quedará sin salir con amigos durante su adolescencia. A los muchachos casi nunca les gustan las chicas que temen participar en actividades nuevas. Tal vez usted nunca sea un experto en hacer esas cosas, pero puede aprender a disfrutarlas. Y así podrá estimular a sus adolescentes a hacerlas.

Eso es importante para el desarrollo de los chicos y lo señala muy bien el doctor Dobson al aconsejar que cada adolescente aprenda a hacer algo que se destaque. Eso le ayudará a ganar su necesitada autoaceptación. Los logros en una actividad le darán confianza para iniciarse en otras. Descubra aquello por lo que su hijo siente afinidad y haga que empiece a tomar lecciones y a practicar metódicamente, si es posible. Si no le atraen los deportes, busque por el lado de algún instrumento musical, una banda, algún hobby o cualquier otra cosa. Es preciso que se haga experto en por lo menos un área de su vida.

A menos que su hijo sea un atleta nato (lo cual puede suceder con cualquier temperamento), usted descubrirá que lo que determina la elección de un deporte es condicionado por su temperamento y por el grupo de compañeros del que forma parte. Los sanguíneos sienten entusiasmo casi por cualquier deporte, así que se esfuerzan espontáneamente en cualquier actividad. Lo lamentable es que su falta de disciplina hace que les cueste trabajo mantenerse en un mismo deporte después que ha pasado la novedad; por lo que su espíritu inquieto los hace pasar pronto a otra cosa. En consecuencia, suelen saber hacer un gran número de cosas, pero nunca demasiado bien. El estímulo paterno para mantenerlos en la etapa tediosa del entrenamiento que requiere cualquier deporte, bien puede significar la diferencia necesaria para los logros del sanguíneo.

El adolescente colérico es un competidor nato y esa inclinación suele ser absorbida totalmente por el deporte. Puede que se incline tanto por este tipo de actividades que no sienta interés por el sexo opuesto, ni tampoco por asuntos académicos, durante su etapa de escuela secundaria. El chico flemático requerirá constante estímulo para lograr que se comprometa en alguna actividad con otros de su edad. No es naturalmente decidido y rehúye la competencia. Aunque sea muy bien coordinado en el aspecto físico y básicamente tenga la capacidad necesaria, rara vez utiliza su potencial deportivo. Una vez que adquiere confianza en algún deporte, puede llegar a ser superior al resto. A los flemáticos, por lo general, les atraen los deportes competitivos individuales como el tenis, el atletismo y la natación. Si sus amigos participan en algún otro deporte, es posible que hagan el esfuerzo necesario para estar a la altura de la situación. El estímulo de los padres, sin que caiga en reproche constante, podrá hacer mucha diferencia.

Los melancólicos suelen caer en una de dos categorías: o bien son excelentes deportistas y sobresalen sin dificultad o, lo que es más común, no sienten interés ni tampoco poseen la habilidad necesaria para los deportes. Nadie puede ser más antisocial que un melancólico. Sus talentos están orientados a la música, el arte, la ciencia y a las actividades intelectuales. A tales chicos es preferible iniciarlos en deportes a una edad muy temprana cuando ofrecen menos resistencia. Si usted dejó pasar el momento y encuentra que su hijo no tiene interés en los deportes, ¡no lo arrastre a toda costa! Es importante aceptar al intelectual solitario o al amante de la música tal como es. El mundo se ha beneficiado enormemente de músicos y artistas que no tenían el menor interés por los deportes.

Sin embargo, jugar al béisbol o al voleibol, o nadar son actividades que deben ser estimuladas para enriquecer las posibilidades del joven en cuanto a asistir a campamentos juveniles de la iglesia y mejorar su propio bienestar físico. Los adolescentes melancólicos suelen ser poco coordinados y les resulta difícil aprender deportes. Como casi siempre toman el fracaso mucho más a pecho que los demás, tratarán de retraerse u ocultarse más bien que pasar por una humillación. No se deje engañar por los que dicen: «No me gustan los deportes» o «No sé hacerlo». Muchos niños se beneficiaron porque sus padres les dieron suficiente estímulo en el patio de la casa, hasta que aprendieron a competir razonablemente bien en algún deporte.

El deporte no lo es todo

Es probable que usted capte que estamos poniendo excesivo énfasis en los deportes. Algunos jovencitos sencillamente no tienen buena coordinación física, pero pueden hacer otras cosas bien. Si ese es el caso de su hijo, acéptelo tal cual es, encuentre su área de talento, y ayúdelo a sobresalir en eso, pero no haga como muchos padres que permiten que los primeros y escasos intentos del chico lo desalienten en seguida y acabe por capitular. Estimúlelo a que encuentre algún deporte en el que pueda desenvolverse bien. Le ayudará el jugar con otros de su edad, a la vez que aumentará la confianza en sí mismo. Además, el atletismo es un excelente entrenamiento básico para la vida. Requiere aprendizaje, práctica, autodisciplina, sacrificio y la habilidad para llevarse bien con otros.

He observado que cuando uno mira la actuación de un atleta en la cancha, puede descubrir el tipo de persona que es, porque la presión competitiva revela el espíritu del ejecutante. Lo que este demuestre ser en el campo deportivo es lo que muy probablemente sea en la vida real. Si un chico es egoísta, tramposo o injusto, lo demostrará en el juego. Si es un quejumbroso o un mal perdedor, el deporte hará que eso se ponga de manifiesto y usted podrá ayudarlo a superarse.

Años atrás teníamos un amigo sanguíneo-melancólico que no gozaba de buena coordinación física y cuyo padre, aunque era un magnífico atleta, no se había tomado el trabajo de enseñarle a su hijo a ser un buen deportista. Cada vez que el hombre participaba en algún juego, hacía trampa. Cuando mi esposo volvía de jugar golf con ese amigo, solía quejarse: «El mejor palo de golf que usa es el lápiz. Nunca suma bien los puntos». Muchos años después esa tendencia a hacer trampa salió a la superficie y causó grandes problemas.

El melancólico solitario

Los padres de hijos melancólicos suelen desilusionarse muy a menudo puesto que su criatura se esconde y rehúye a otros chicos pero, en cambio, disfruta de estar solo en su cuarto estudiando, dibujando, escuchando música o trabajando en algún proyecto científico. Cuanto más lleno de dones esté, tanto más desarrollará este tipo de comportamiento ermitaño. Es muy importante que usted use su discreción con un hijo de estas características.

Un padre amante del deporte (particularmente un colérico y algunos sanguíneos) suele manejar la cuestión totalmente al revés cuando el hijo rechaza su invitación a hacer atletismo y prefiere no participar en juegos con otros de su edad. Puede ser que este padre lo avergüence, lo ridiculice y lo coaccione para terminar descubriendo que solo logra hacerlo meterse aún más en su caparazón solitario. Una vez que se ha intentado sacarlo de allí es preciso aceptarlo por lo que es. A partir de entonces, él podrá seguir sus propios intereses bajo su aprobación y desarrollar su creatividad innata así como también sus talentos.

Los adolescentes y la iglesia

Los padres que participan de manera activa en una congregación que se fundamenta en la Biblia, tienen mucho más ventajas para criar a su hijo que uno que proviene de una familia que no tiene relación con ninguna iglesia. La escuela pública (en Estados Unidos de América) se ha convertido en un verdadero mercado en la actualidad. Drogas, inmoralidad, pornografía, violencia y, en algunos lugares, hasta brujería son elementos no muy ajenos a la comunidad escolar nacional; todo lo cual ha venido a reemplazar lo que antes fue un gran sistema educacional. En consecuencia, a menos que los niños hayan sido enviados a una escuela basada en fundamentos cristianos, cosa que recomiendo siempre que sea posible, la formación que reciben en la escuela pública será lo opuesto a lo que necesitan y a lo que usted desearía que se les impartiera. La iglesia se ha vuelto un refugio ideal en el que se les pueden enseñar principios acerca de Dios y de la vida, y donde pueden disfrutar de prácticas sociales que reflejarán las pautas de conducta del hogar, más que atentar contra ellas.

La mayoría de las iglesias modernas tienen un pastor para jóvenes o un laico activo que planifica actividades para chicos de esta edad y que pueden ser interesantes para un adolescente cristiano normal. En algún momento de esta etapa no se extrañe si su hijo o hija se desilusiona de su grupo juvenil. Muy a menudo los padres toman partido ciegamente por sus hijos cuando surgen problemas de personalidad o celos ocasionales. Dejarlos dar la espalda a las actividades juveniles por tales razones puede resultar fatal. Con cuatro adolescentes que criar, nos parecía que siempre había alguno disgustado con la clase de la escuela dominical o con el grupo de jóvenes, pero insistíamos en que debían asistir de todos modos. Lo que sucedía era que en el curso de los meses el problema se arreglaba solo.

Aconsejo a los padres cristianos a que apoyen a su iglesia local frente a sus hijos e insistan en que participen de forma activa en cualquier evento que ofrezca para su edad. No se sorprenda cuando por allí un hijo exclame: «No voy a ir más a la iglesia (o a ese grupo juvenil)». Usted es el padre, ellos son sus hijos, y su autoridad ha sido desafiada. Si usted tolera esta rebelión, los amigos inconversos tomarán el lugar de las amistades de la iglesia y lo más probable es que eso derive en graves problemas. Ni su iglesia ni su grupo juvenil son perfectos (y no pretenda que lo sean), pero son mucho mejores que las alternativas que se les presentan, tanto que el asunto de si deben o no asistir no debiera ni siquiera ser una opción para ellos. Nosotros descubrimos que negarle las llaves del auto a nuestro hijo, que cursaba el último grado de secundaria, era suficiente para que se volviera dócil. No deje que lo tomen por sorpresa en esta prueba. Esté listo para ella y tenga la respuesta preparada.

A continuación brindo algunas sugerencias para padres cuyos hijos participan de grupos juveniles que no alcanzan el nivel elevado que ellos quisieran. Nosotros hemos observado que casi siempre el problema radica en la falta de liderazgo adulto. Todos los padres quieren un buen programa juvenil para sus hijos, pero pocos están dispuestos a ofrecerse a sí mismos a Dios para suplir el liderazgo que tal programa requeriría. Años atrás, nuestro pastor, en contra de la costumbre de la época, comenzó a estimular a los padres a que participaran en los programas a los que asistían sus hijos. Se dio cuenta, con mucha sabiduría, que así tendrían natural interés en el grupo y que sacrificarían su tiempo para lograr que el programa tuviera éxito.

Al principio, los adolescentes protestaban diciendo: «Ni siquiera aquí podemos librarnos de nuestros padres». Además, algunos padres temían que su participación apartara a sus hijos. En la práctica sucedió exactamente lo contrario. La gente joven tenía muchos intereses en común con el grupo de padres, por lo que disfrutaban participando juntos de ciertas actividades. Los adolescentes empezaron a sentirse orgullosos de que sus padres tuvieran un papel activo y responsable. (Por supuesto, hubo más de una ocasión en la que los jóvenes objetaron totalmente lo que se hacía, pero no pasaron de ser críticas carentes de peso.)

Al reflexionar en los años de adolescencia de nuestros hijos, no podemos menos que apreciar con agradecimiento la programación de las actividades patrocinadas por la iglesia, tales como los paseos a la playa, los picnics en el río, los campamentos, las campañas evangelísticas y muchos otros eventos que compartíamos juntos. Además, alabamos a Dios por la contribución vital que la iglesia hizo en cada una de las vidas de nuestros hijos.

Un domingo, una señora se acercó un poco nerviosa a estrechar la mano de mi esposo después del servicio religioso y le dijo: «Por favor, ore por nuestra familia. Tenemos tres adolescentes». Cuando volvíamos a casa mi esposo me explicó cuál era su problema. «Lo que pasa», me dijo, «es que está pasando por toda clase de problemas con sus hijos y la única ayuda espiritual que reciben es cuando asisten a la escuela dominical, cada vez que se les ocurre. Nunca asisten a los programas juveniles preparados para ellos los domingos en la noche, ni durante la semana».

Nosotros también teníamos tres adolescentes en esa época, pero constituían un placer para nosotros. Una gran diferencia era que nuestros adolescentes participaban con su dinamismo en las actividades de la iglesia, la mayoría de las veces por su propia voluntad. Alabamos a Dios por el ministerio que ejerció sobre ellos la iglesia y el grupo juvenil, como lo hacen otros padres que insistieron en que sus hijos no dejaran de participar. En muchos casos, aquellos que se negaron a obligar a sus hijos a asistir terminaron por arrepentirse, porque sus hijos hicieron amistad con adolescentes que no eran creyentes.

Supervise las amistades de su hijo

La presión del grupo es tan fuerte en los adolescentes que, en algunos momentos de su desarrollo, la influencia de sus amigos puede llegar a ser mayor que la de sus padres. Desde la edad de 15 años hasta que terminan la escuela secundaria (depende de su temperamento), la influencia de ciertos amigos puede deshacer mucho de lo que los padres han logrado inculcar en sus hijos. Por otra parte, los chicos que tienen amigos que son creyentes activos, llegarán a fortalecer los niveles de conducta aprendidos en la familia.

La Primera Carta a los Corintios (15.33) contiene algunas instrucciones importantes que muchas veces sorprenden a algunos padres. A través del apóstol, Dios afirma lo siguiente: «No se dejen engañar: "Las malas compañías corrompen las buenas costumbres"». Hemos visto a algunos padres ponerse al margen y limitarse a orar para que sus hijos no continúen con cierta amistad contraída con alguien de su mismo sexo o con un «pretendiente», debido a la influencia que esa persona ejerce en ellos.

En realidad, esos padres dejaron de lado su deber paternal al permitirles a sus hijos adolescentes que alternaran con amigos no creyentes. De modo que, mientras sus hijos vivan en su casa y coman de lo que usted les da, usted tiene el derecho de inducirlos a escoger sus amistades. El problema radica en que muchos padres, lo cual ahora admiten muchos especialistas en sicología infantil, sienten temor ante la desaprobación de sus hijos o les asustan frases como: «¡Te odio!»

Es probable que le sorprenda que muchos hijos, en su adolescencia, les hayan dicho eso a sus padres en un arranque de furia; es un simple sentimiento pasajero que surge por no poder hacer su voluntad, en particular cuando se trata de elegir amistades. En una época de tanta carnalidad espiritual, usted hallará que la gente joven ajena a la iglesia ejercerá mucho más atractivo sobre sus hijos que los adolescentes de su propia congregación. El problema no es que los chicos creyentes sean aburridos ni que cansen a los demás, sino en que la modalidad mundana de los amigos de su hijo adolescente le atraen más porque él mismo no anda bien en lo espiritual. Si usted le deja dar la espalda al grupo de la iglesia y correr tras el mundo, sus amigos lo corromperán; eso es lo más probable.

Mi esposo está ahora en el ministerio porque cuando cumplió los 17 años, su madre —ya viuda— le leyó el texto de 1 Corintios 15.33 en su hora devocional y se dio cuenta de que las amistades juveniles de su hijo lo estaban alejando del Señor. Un domingo por la tarde lo hizo sentar frente a ella y le dijo: «Esos muchachos están ejerciendo una mala influencia en tu vida; por eso quiero que te alejes de ellos y hagas amistades dentro de la iglesia».

Como es lógico, él se rehusó a aquello. ¿Qué joven carnal, con su férrea voluntad, dejaría de hacerlo? Ella entonces continuó diciendo: «Mira muchacho, eres demasiado grande ya para que te dé una paliza, pero no puedo permitir que tu influencia arruine a tu hermano y a tu hermana». Luego, con lágrimas en los ojos agregó: «Mientras te sientes a mi mesa harás lo que yo te diga, de lo contrario tendrás que buscarte otro lugar donde vivir». Por semanas mi esposo anduvo furioso, hasta que al fin obedeció refunfuñando. Hoy mi esposo afirma que ese fue el momento decisivo de su vida. En lo personal le agradezco a Dios que haya tenido una madre así.

Los chicos y las chicas cristianos pueden ayudarse unos a otros. Todos los adolescentes necesitan algún confidente con quien compartir, en especial cuando entran en conflicto con sus padres. Es mucho mejor que tengan un amigo creyente que comparta sus convicciones básicas y que provenga de un hogar con criterios de conducta similares.

En momentos de conflicto entre padres e hijos, los amigos inconversos solo alimentan más la rebelión. Recuerde el principio bíblico: «El que no tiene el Espíritu no acepta lo que procede del Espíritu de Dios, pues para él es locura. No puede entenderlo, porque hay que discernirlo espiritualmente» (1 Corintios 2.14).

Consejos para la época del noviazgo

Salir con amigos del sexo opuesto es una experiencia emocionante no solo para el adolescente sino también para sus padres. ¡Algunos de estos opinan que es traumatizante! Otros hallan que es una etapa entretenida en la crianza de sus hijos. (En ambos casos, no espere que sus hijos adolescentes no «cortejen» a alguien o quieran hacerlo.) Aun en el último año de la primaria, en los Estados Unidos, la presión de grupo respecto a la práctica de salir con amigos del sexo opuesto es muy fuerte, sobre todo en lo que respecta a las chicas.

La principal causa de que llegue a ser un «trauma» esta etapa de sus vidas, es que por lo general sorprende tanto al adolescente como a sus padres; los cuales carecen de la preparación necesaria para lidiar con la situación. Los adolescentes no tienen la menor idea de qué comportamiento esperan sus padres que ellos asuman; y los padres, por su parte, no siempre están de acuerdo entre ellos. ¡Eso ya invita al desastre! Preparamos a nuestros hijos para la escuela, para la iglesia, para su cumpleaños, para la Navidad, para recibir lecciones de natación y para casi cualquier evento de su vida, pero ¿por qué no se les prepara para el noviazgo? Nosotros descubrimos que si se sentaban las bases con el primer hijo, entonces era tarea relativamente fácil conseguir que el resto de los hermanos siguieran los pasos del primero. Si los padres pierden el control con el mayor, es posible que tampoco logren manejar la situación con los demás hijos.

Esta época de festejos trae temor al corazón de los padres por muchas razones. En primer lugar, es un paso decisivo hacia la independencia. Los padres normalmente no acompañan a los cortejantes; en consecuencia, pierden control en cuanto a su comportamiento cada vez que salen con alguien durante dos, tres o cuatro horas. En segundo lugar, algunos padres no logran sentir confianza en sus hijos. Cuando estos comienzan una relación de noviazgo esa desconfianza aumenta.

En tercer lugar, los padres no están preparados para mantener ciertos principios básicos desde el comienzo y, en consecuencia, se acentúa su sentimiento de temor.

Hemos tenido el privilegio de usar nuestros principios para la época del «cortejo» con diez hijos, cuatro de ellos propios, y los otros seis de matrimonios misioneros que nos los enviaron para que cursaran sus últimos años de estudios secundarios. Cada vez que aceptábamos hijos de misioneros era con la condición de que se atuvieran a nuestras pautas de comportamiento en relación a la práctica del noviazgo. Aunque hubo momentos de «enfrentamiento», tanto con nuestros hijos como con los hijos de los misioneros, esa época fue básicamente una etapa que todos disfrutamos. Las siguientes son las normas que seguimos durante esos años:

1. *Solo pueden salir con pretendientes a partir de los 15 años.* A los varones, ese límite de edad no les traía problemas. En efecto, la mayoría de ellos no sienten interés hasta mucho después (o no tenían posibilidades aunque lo hubieran deseado). Pero con las chicas la cosa era distinta. Como hemos visto, las jovencitas maduran con más rapidez que los varones, tanto en lo físico como en lo social. En consecuencia suelen estar ansiosas por empezar una relación de noviazgo desde muy temprana edad. Por desdicha, los muchachos de su propia edad carecen de interés por ellas o, también es frecuente, ellos no les resultan atractivos a ellas; de modo que son los muchachos de más edad los que eligen las chicas y luego se presentan los problemas.

Aunque los quince años sea una edad adecuada para empezar a tener novio, eso no quiere decir que las chicas y los muchachos no gocen de la compañía mutua en las actividades juveniles de la iglesia, en los campamentos, etc. Sin embargo, las salidas oficiales, en las que el muchacho pasa a buscar a la chica a la casa para sacarla a algún lugar especial, debieran ser reservadas para la mágica edad del cumpleaños número 15.

2. *¡Novios creyentes únicamente!* Un principio fundamental que está claramente especificado en la Biblia es el que sigue: «No se unan

con los incrédulos en un yugo desigual» (2 Corintios 6.14, RVC). El noviazgo es un yugo de amistad que un día puede ser el umbral del matrimonio. La manera de ayudar a su hijo a no tener que pasar por la experiencia traumática de preguntarse: «¿Debiera casarme con esta persona de quien estoy tan enamorado o debiéramos romper nuestro noviazgo?» es, en primer lugar, no permitirle cortejar a tal persona. Es muy poco probable que su hijo o hija llegue a una situación tal con alguien con quien no haya sostenido una relación previamente. Esta norma puede que les cause unas cuantas lágrimas, cuando se le haya prohibido, por ejemplo, salir con el apuesto zaguero del equipo de la escuela, de quien está perdidamente enamorada, pero evitará la posibilidad de un trauma en el futuro.

Durante todos estos años hemos visto cómo algunos padres cristianos muy dedicados llegaron a perder a sus hijos, a quienes amaban entrañablemente, por no haber impuesto esta norma. Lo digo porque hace poco tuvimos que orar con varios matrimonios y consolarlos porque estaban pasando momentos de arrepentimiento y pesar, en relación con eso. Sabemos de dos chicas que se casaron a los 18 y se divorciaron a los 19. No hace falta decir que tanto las hijas como sus padres terminaron con sus sentimientos destrozados. Lo más doloroso es que ahora, en pleno siglo veintiuno, eso es tan común como que las chicas salgan encinta sin saber de quién es la criatura que llevan en su vientre.

3. *Que empiecen por una entrevista previa con papá.* Cuando un muchacho sale con su hija es un asunto serio, porque estará saliendo con una de sus más caras posesiones. Si alguien le pidiera prestado el automóvil o el bote, sin duda que impondría algunas condiciones para que lo use. Sin embargo, es mucho más importante aún si un jovencito le pide salir con su hija. Esta condición puede asustar a los candidatos que prefieren evadirla, pero usted descubrirá que ese es el tipo de adolescentes que seguramente querría evitar para su hija. Ningún muchacho que carezca del valor necesario para mirar de frente al padre de la chica cuando pide permiso para salir con ella tiene derecho a cortejarla.

Esta entrevista le da al padre la autoridad para hacer cuatro cosas: La primera, constatar que el muchacho, en efecto, es creyente (de más está decir que los testimonios no garantizan nada). Segundo, constatar sus intenciones. ¿Tiene metas fijadas para su edad o piensa ese chico en su hija como un objetivo pasajero? Tercero, dejar claramente sentados los principios que se espera que respeten. No espere que los especifique su hija. A ella le causaría bochorno tener que hacerlo. Además, podría omitirse algún punto en la comunicación. Y cuarto, evaluar el hogar de donde proviene el muchacho. La respuesta a esta última averiguación puede no necesariamente ser determinante en que salgan o no juntos, pero si el muchacho ama y respeta a sus padres, usted sabe qué esperar de él en su relación con la familia. Lo contrario también es válido.

Cuando es su hijo el que quiere salir con alguna chica creyente, se torna más fácil compartir con él estos principios (que son sencillamente los mismos que para las hijas). Es él quien entonces establece las pautas al salir con su amiga. Si ya ha salido tres o cuatro veces con ella y usted no la conoce en persona, convendría que la invite a alguna salida familiar o trate de arreglarles una entrevista con usted y su esposa. (La razón por la cual sugiero que esté presente la madre en la entrevista es porque es muy fácil que una jovencita atractiva «deslumbre» a papá. Se necesita una mujer para que evalúe a otra mujer, sobre todo en lo que concierne a su relación con su hijo.)

Bill Gothard nos hizo a nosotros y a miles de padres un bien muy grande cuando en sus seminarios nos enseñó que ciertos principios, incluyendo la entrevista con el padre, eran de suma importancia para sentar las bases de un noviazgo. Eso fortaleció mucho nuestras decisiones y en los años recientes ha sido mucho más fácil para los jóvenes creyentes aceptar dichas normas.

4. *Toda salida debe ser aprobada previamente.* Hasta que los chicos se familiaricen con las normas, no permita que lo empujen precipitadamente a conceder el permiso para alguna salida de la que usted no esté seguro de aprobar. Nosotros les dejamos claro a nuestros hijos que las salidas que aprobábamos eran todas las actividades y los paseos de la iglesia, las fiestas supervisadas, las actividades deportivas y cualquier otro acontecimiento particular al que quisieran ir previa aclaración. Las salidas que rotulábamos: «No te molestes en pedir permiso»,

incluían el cine, los bailes, las fiestas privadas sin supervisión y cualquier actividad en la que se sirvieran bebidas alcohólicas o se sospechara el uso de drogas.

5. *Hasta terminar la secundaria, las salidas deben ser de cuatro personas.* La norma que quizá resistieron más nuestras hijas era la de salir con otras parejas cristianas. Hay más seguridad cuando están otros cerca; no mucha, pero por lo menos alguna. La principal razón para ello, sin embargo, era obligarlos a hacer planes con mucha premeditación y evitar que pudieran pasar largas horas de riesgosa intimidad. Bajo la influencia del romance en el momento, es muy fácil caer en afirmaciones amorosas y votos de entrega que en verdad no sienten. La presencia de otra pareja cerca puede cortar drásticamente tal posibilidad, aunque no la elimina por completo.

Tuvimos que admitir que no siempre era fácil encontrar otra pareja con la cual salir, de modo que para compensar un tanto nuestras estrictas reglas, hicimos algunos reajustes permitiendo a nuestro hijo usar el automóvil de la familia, cada vez que estaba justificado su uso. Si nuestro hijo podía contar con un vehículo le resultaba naturalmente más fácil buscar otra pareja con la cual salir, si es que en verdad se lo proponía.

6. *Absolutamente prohibido estacionarse.* El mirador de una montaña alejada de la gente o cualquier otro lugar con vistas panorámicas, para enamorados, puede ser un excelente punto para detener el automóvil y mirar las luces de la ciudad, pero no es el mejor ambiente para evitar tentaciones juveniles. En esta etapa de la vida, tocar el cuerpo del sexo opuesto es emocionante, estimulante y riesgoso. Creemos que el noviazgo está destinado a proveer entretenimiento y compañerismo social, no para poner a prueba el autocontrol.

Uno de nuestros hijos nos hizo el siguiente comentario: «Papá, me da la impresión de que no nos tienes confianza...» Mi esposo le contestó: «Tienes razón, no tengo confianza ni en ustedes, ni en mí, ni en nadie, cuando se trata de tentaciones de la carne». Ustedes me preguntarán: «¿Está segura de que sus hijos no se estacionaron en el auto, alguna vez, con su pretendiente durante sus años de noviazgo?» No somos tan ingenuos como para suponer que no lo hicieron pero, cuando lo hacían, queríamos que quedara bien claro que era en contra de las reglas. Como lo expresó una chica: «Cada vez que tenía la tentación de pararme y estacionar el automóvil, me parecía que mi papá iba a salir del asiento de atrás».

7. *No debe haber excesivas demostraciones públicas de afecto.* El amor es algo hermoso tanto para adolescentes como para adultos, pero las demostraciones públicas de afecto que rayan en lo sugestivo son negativas para el testimonio de las personas, y pueden implicar liviandad sexual en la opinión de quienes las presencien. La Biblia nos enseña que debemos evitar «toda apariencia de mal». La comunidad cristiana aprueba que los adolescentes muestren su amor, pero que deben tener el suficiente respeto mutuo, como para no andar manoseándose en público. Un noviazgo apropiado no debería actuar en detrimento del testimonio de los pretendientes ni de su crecimiento espiritual; por otra parte, las demostraciones de amor en la actualidad pueden causar bochorno o ser embarazosas para recordar, en un futuro, cuando el interés por esa persona haya pasado.

8. *Hora de regreso: las 11:00 p.m. para las chicas y las 11:30 p.m. para los muchachos* (con excepciones). Con excepción de aquellas funciones supervisadas que sabíamos que durarían más tiempo, nosotros exigíamos que nuestras hijas estuvieran de regreso en casa a las 11:00 de la noche y los muchachos a las 11:30. (La media hora de más alcanzaría a nuestro hijo para llevar a las dos chicas y al otro muchacho a sus casas.) Estos horarios tan limitados fueron completamente rechazados en un comienzo y eran probablemente más severos que los de la mayoría de los padres. Nos fundábamos en el hecho de que en nuestra ciudad había muy pocas actividades sanas después de esa hora. Las buenas confiterías cierran a las once y creíamos que nuestros adolescentes debían estar en casa para entonces. Admito que la mayoría de los padres son más flexibles. Nuestra hija sollozaba un día: «Papá… soy la única chica de la iglesia que tiene que estar en casa a las once». Él le contestó para consolarla: «Yo no tengo la culpa de que el resto de los padres estén equivocados». Uno de nuestros hijos nos dijo después de casado: «Lo que más me abochornaba era que las chicas con las que

yo salía, invariablemente tenían permiso para volver más tarde que yo. Una vez una de ellas me protestó: "Pero, Larry... ¿por qué me llevas a casa a las once? ¡Yo no tengo que volver hasta las doce!"» A pesar del bochorno que pasaban, y de otros problemas, ahora que son grandes no nos hemos arrepentido del resultado. En efecto, nuestra hija, que solía sentirse irritada por las normas, nos dijo cuatro meses después del nacimiento de su hijita: «¿Se acuerdan de aquellas reglas? Estamos pensando usar las mismas normas cuando Jenny tenga edad suficiente para salir con alguien...». (Se tienen otros ojos cuando se es padre.)

Un problema que pueden tener los progenitores es cómo lograr que se cumpla la hora de regreso al hogar. No importa la hora que se elija, por lo general la considerarán demasiado anticipada y querrán ignorarla. Eso crea mucho conflicto innecesario entre padres y adolescentes. Nosotros lo arreglábamos estableciendo que cada minuto que volvieran tarde una vez, se contaría como 15 minutos menos para la siguiente salida. Un muchacho trajo a nuestra hija tan tarde en una oportunidad que para la salida siguiente solo tenían una hora de la cual disponer. En efecto, tuvieron que suspender el partido de minigolf cuando estaban en el séptimo hoyo, para poder llegar a tiempo. Pero después de eso, y durante cuatro años de cortejo, no volvieron tarde más que una sola vez. Los adolescentes necesitan saber que usted cumple las reglas, así que intentarán comprobarlo. ¡Prepárese para no salir desaprobado de la tentativa!

Muchos padres creerán que nuestras reglas son demasiado estrictas y tratarán de «ablandarlas» con algunos «masajes». Muchísimos padres piensan: «Puedo confiar en mis hijos», así que les permiten establecer sus propias pautas o les dan demasiada flexibilidad en el cumplimiento de ellas. Es cierto que en algunos casos esto ha dado buen resultado, pero en muchos más hemos visto que la buena enseñanza de la niñez y de la preadolescencia, ha sido arruinada por el exceso de libertad de los años juveniles. Esos padres no han contado con la poderosa influencia que los otros adolescentes tienen sobre ellos y las oleadas de sentimientos que arrastran ocasionalmente a cualquier adolescente normal.

Es doloroso que las lecciones de autodisciplina que recibieron en la niñez y la preadolescencia, se vean vencidas por esos impulsos de excitación que surgen en ellos precisamente cuando están menos preparados para resistirlos. Esos son los años de mayor inestabilidad emocional de la vida. Es fácil tomar decisiones basados en los sentimientos y emociones, más que en la voluntad y la mente. Alguien ha dicho: «Cuando las emociones y la mente entran en conflicto, invariablemente ganan las emociones». Esto es peligroso porque las decisiones tomadas por emoción suelen casi invariablemente estar equivocadas. Se necesita una gran dosis de madurez para estar de acuerdo con que solo se debe obrar cuando las emociones concuerdan con la razón. Y aun entonces, la mente debe estar guiada por la Palabra de Dios. Salomón dice: «El hijo sabio es la alegría de su padre; el hijo necio es el pesar de su madre» (Proverbios 10.1). Lo mismo es cierto con las hijas.

Respeto por las normas de los demás

Usted puede no estar de acuerdo con las normas de los padres con cuya hija o hijo quisiera salir el suyo, pero si él no puede respetar el derecho que ellos tienen de elegir sus propias reglas, es mejor que le aconseje que busque a otra persona con quien salir. Nosotros tuvimos muchísima bendición con nuestra hija mayor, puesto que los padres del muchacho que hoy es su esposo nunca lo estimularon a querer romper nuestras reglas. En vez de eso lo convencieron de que tratara de aceptar nuestro derecho a establecerlas. Cuando se casaron se unieron, además de ellos, dos familias. Ahora ellos son dos jóvenes que tienen un tremendo ministerio con adolescentes de la escuela secundaria y son un ejemplo de cómo la juventud cristiana debe enfrentar esos años tempestuosos.

Demasiado tarde

En nuestros seminarios muchos padres nos preguntan con demasiada frecuencia: «¿Cómo puedo establecer semejantes normas cuando nuestros hijos ya están saliendo desde hace tiempo con sus propias pautas?» La contestación que les damos es como sigue: «Debe introducirlas muy gradualmente». Pero no deje de hacerlo. Decida en oración cuáles han de ser las reglas que va a establecer, luego con mucha humildad reconozca ante su hijo o hija que ha sido negligente en su responsabilidad de padre y que, para el bien de él y el de la familia, usted va a establecer nuevas reglas para las salidas. No se sorprenda por la reacción explosiva que reciba; cuando se calme la tormenta, habrá establecido un programa que ayudará a su adolescente a tomar algunas decisiones más importantes de su vida.

Cuando organizamos el segundo seminario para familias, en Houston, Texas, un señor se ofreció para actuar como moderador de la plenaria. Era un comerciante acaudalado de esa ciudad y una persona activa en la iglesia. Cuando le preguntamos por qué tenía tanto interés en que volviéramos a ir, nos dijo que había asistido a nuestro primer seminario cuando el mayor de sus cinco hijos estaba saliendo frecuentemente con chicas, usando sus propias normas. Al conocer los principios que nosotros enseñábamos, se fue a casa y decidió que establecería un procedimiento similar. Aun cuando al principio le trajo dificultades, esa decisión cambió finalmente la vida de su hijo, a tal punto que la atmósfera del hogar también cambió, por lo que quería que otros hogares de Houston tuvieran la misma oportunidad de recibir esa bendición.

Después de graduarse de la escuela secundaria

La etapa más difícil de la crianza juvenil es después que terminan la escuela secundaria. Es en ese momento en que se verán forzados a hacer algunas de las decisiones más grandes de su vida. ¿Irán a la universidad o aprenderán un oficio o una técnica? ¿Adónde irán, ya sea para estudiar o para trabajar? Esas decisiones en última instancia tienen que ver con el interrogante acerca de la vocación de su vida. Además deben preguntarse: ¿Con quién me casaré? ¿Dónde voy a vivir? ¿A qué iglesia debo asistir? Como ven, esas decisiones son fundamentales y tienden a orientar gran parte del curso de su vida. Feliz el adolescente cuya relación con los padres es tal que puedan ser sus consejeros para ayudarle a tomar estas decisiones. El sabio proverbista declara: «Cuando falta el consejo, fracasan los planes; cuando abunda el consejo, prosperan» (Proverbios 15.22). Nadie desea más que los padres el bienestar de un hijo egresado. De modo, entonces que ¿quién mejor que ellos para aconsejarlo? En esta etapa, o bien el hijo recibirá consejos de buen grado o no los escuchará en absoluto. Si usted no ha establecido una firme relación «padre-consejero» con su hijo, es demasiado difícil que pueda lograrla a tiempo para esos años decisivos. Pero al menos podrá hacerle sugerencias.

En términos generales (siempre es peligroso usar esta expresión), la comunidad cristiana ha animado a sus hijos a ingresar en la universidad para poder tener una mayor oportunidad de servir al Señor. La aureola romántica que rodeaba la idea de «secundaria y luego la universidad», que imperaba después de la Segunda Guerra Mundial, está tocando a su fin. Existen oportunidades vocacionales mucho mejor pagadas que se ofrecen a los jóvenes, y que les proveen de carreras constructivas y llenas de desafío. Solía ser necesario tener un título universitario para obtener ciertos puestos (sumado a ciertas condiciones de temperamento y aptitudes). Hoy no es necesariamente así.

Sin embargo, los estudios académicos siempre proveerán al joven de una mayor versatilidad para optar por un campo de servicio cristiano. Uno de los peligros de la educación universitaria secular actual, es que todo el sistema educacional ha sido ganado por una filosofía humanista-atea que en gran medida es francamente enemiga de Dios, de la moral vigente y del estilo de vida occidental. Ese ambiente parece tener una influencia drástica en la mayoría de los jóvenes estudiantes.

Desde mi punto de vista como madre cristiana, y por haber sido secretaria del Christian Heritage College por más de cinco años, estoy convencida de que toda la juventud cristiana debería evitar una educación universitaria secular en la medida posible, y confiar en que Dios les proveerá de una experiencia en alguna universidad cristiana. En un instituto universitario cristiano, o en un seminario bíblico, podrán entrenarse para ser los líderes espirituales del mañana, no importa cuál sea finalmente su vocación de servicio.

Tales instituciones proveen una atmósfera ideal para evaluar sus aptitudes vocacionales, de modo que busquen la voluntad de Dios para sus vidas, y que conozcan a otros amigos creyentes que también están pasando por esa etapa de grandes decisiones para su vida. Recibirán la influencia espiritual de profesores cristianos, mientras que de lo contrario recibirán la influencia de profesores seculares. El ambiente cristiano también los rodea de amistades moralmente valiosas, justo los años en que la combustión emocional está en su máximo nivel.

Aquellos estudiantes que piensan seguir medicina, abogacía, ciencias o cualquier otro campo que pueda requerir la asistencia a universidades seculares, deberían considerar asistir primero un par de años a una universidad cristiana, o a algún seminario, a fin de que se preparen para enfrentar la filosofía anticristiana y el ambiente que presenciarán con seguridad.

La ciudad en la que se ha desarrollado nuestro ministerio durante estos veinte años tiene siete universidades seculares. Hemos visto decenas de excelentes jóvenes cristianos perderse por completo o perder interés durante los años de asistencia a esas instituciones. Muchos se han casado con compañeros no creyentes y han perdido así lo mejor de Dios para sus vidas. Hemos oído a padres cristianos decir: «No podemos costearle a nuestro hijo una educación en la universidad cristiana. Lo mandaremos a la universidad estatal porque es mucho más económica». En última instancia resulta ser la decisión más cara que hayan podido tomar.

El verdadero y único motivo por el cual las parejas cristianas tienen hijos es para llevarlos a la adultez como siervos de Dios. Para lograrlo tienen que estudiar la Biblia, de modo que cada padre llegue a ser: «aprobado, como obrero que no tiene de qué avergonzarse y que interpreta rectamente la palabra de verdad» (2 Timoteo 2.15). Eso no significa que Dios quiera que todos sean ministros o misioneros, pero sí que reciban entrenamiento para ser maestros de escuela dominical, líderes en la iglesia, miembros de comisiones, obreros juveniles, etc., para el resto de sus vidas.

Uno de nuestros mejores amigos es un albañil especialista en revestimientos de casas que hizo tres años de seminario bíblico antes de estudiar construcción. Durante estos treinta años ha ejercido todos los cargos de la iglesia, ha sido maestro de escuela dominical y ha llevado a muchos a los pies de Cristo. Los padres de este hombre sienten que esos tres años de universidad cristiana fueron una excelente inversión de su dinero.

9

UNA ENSEÑANZA QUE ABARCA AL NIÑO INTEGRAL

Estaba de pie frente a la ventana de la sala de lactantes del hospital, junto con mi hijo casado. Su esposa acababa de dar a luz a un pequeño varoncito. Después de unos minutos de silencio en el que los dos nos quedamos allí, mirando asombrados a esa nueva criatura, Larry al fin habló: «Mamá, ahora es mi responsabilidad educar a esta criatura de una forma correcta. ¿Qué significa realmente educar a un niño?» Había hecho una pregunta profunda para la que yo deseaba darle una respuesta adecuada.

A medida que comencé mi investigación acerca del tema, hallé artículos que poco me convencían en relación con la educación de los niños. De acuerdo a los variados antecedentes de cada autor y a sus intereses prioritarios, había instrucciones para todo: desde hacer sus necesidades hasta manejar un automóvil. Eso no era lo que yo buscaba. Lo que quería saber era qué significaba en realidad «enseñar» o «preparar» a un niño. ¿Qué decía Dios a ese respecto? ¿Qué querían decir las palabras de Proverbios 22.6, cuando afirman: «Instruye al niño en el camino correcto, y aun en su vejez no lo abandonará»?

Los sermones y comentarios que siempre escuché me hacían creer que si enseñaba a un hijo a asistir a la iglesia, y si yo misma vivía siendo un buen ejemplo para él en el hogar, aun cuando se separara durante un tiempo, regresaría a las enseñanzas de su infancia cuando fuera viejo. Eso dejaba una espina en mi ánimo y no resultaba muy alentador. Era como si se contara con que los hijos se apartarían por un tiempo del Señor para hacer lo que les diera la gana y luego volverían. ¡Ni Dios permita tal cosa! La mejor manera de saber lo que Dios quiere decirnos es estudiando su Palabra. Después de leer varias traducciones y concordancias, ese versículo cobró un nuevo significado para mí. Estaba tan emocionada con lo que había aprendido que casi no podía esperar para contárselo a mi hijo y a todos ustedes que han estado buscando una respuesta a esta interrogante.

El original hebreo arroja mucha luz sobre el texto, y a riesgo de parecer erudita y demasiado precisa, permítanme compartir estas ideas con ustedes, en mi propio estilo más simplificado.

Proverbios 22.6

1. «INSTRUYE».

El término hebreo que equivale a este, tiene que ver con el interior de la boca, las encías, el paladar o la parte superior de la boca, y se refiere al pequeño freno que se coloca en la boca de los caballos salvajes. Santiago 3.3 da más aclaraciones acerca del uso del freno: «Cuando ponemos freno en la boca de los caballos para que nos obedezcan, podemos controlar todo el animal». Es preciso entrenar o lograr la sumisión de la criatura de modo que obedezca y así poder dirigir o cambiar su dirección natural. Esto equivale a desviarlos de sus propios caminos pecaminosos y egoístas, para obedecer a Jesucristo.

2. «AL NIÑO».

La misma palabra hebrea que se usa aquí para niño se encuentra en varias otras partes de la Biblia. Algunos de estos ejemplos son:

- 1 Samuel 4.21, se está refiriendo a un niño que acaba de nacer.
- Génesis 21.14, usa esta palabra para referirse a Ismael, que ya tenía 15 años.

- Génesis 37.30, se refiere al muchacho José, cuando ya tenía 17 años.
- Génesis 34.5, se refiere a la hija de Jacob, que tenía edad para casarse.

El lapso de tiempo que abarca el término «niño» va desde que nace hasta que deja el hogar para casarse.

3. «EN EL CAMINO».

Este giro dice literalmente «de acuerdo a su camino» o «de acuerdo a la forma en que fue diseñado por Dios». Esto no quiere decir necesariamente la forma en que sus padres desearían que marchara, sino de acuerdo a la dirección del niño, es decir, de la manera en que Dios quiso que el marchara. Los padres deberían descubrir «su camino» y ajustar su enseñanza a lo que él necesita. Este «camino» propio puede referirse al temperamento que le fue dado por Dios. Por lo tanto, dentro del marco de los principios divinos, entrénelo en armonía con su temperamento o de acuerdo a sus propias características. No es posible educar a un sanguíneo de la misma forma en que lo haríamos con un flemático; o a un colérico lo mismo que a un melancólico. Debe ser dirigido de acuerdo a la manera en que Dios lo hizo.

4. «AUN EN SU VEJEZ».

¡La palabra «vejez» aquí no significa 60 o 70 años! El sentido de este término abarca al varón cuando comienza a criar barba o ingresa en la madurez.

5. «NO LO ABANDONARÁ».

¡Qué hermosa promesa! Dios ha prometido que el hijo no se va a apartar de la enseñanza de sus padres si es que hicieron con él lo que Dios quiso que hicieran.

¿Se retractó Dios de su promesa?

Me parece oír la queja de muchos padres en el sentido de que les dieron a sus hijos una buena enseñanza y, sin embargo, ya adultos siguieron sus propios caminos de rebeldía. Por lo tanto, Dios no cumplió su promesa. Me gustaría compartir con ustedes algunos versículos de la Biblia, y hacerlo con mucho amor y en espíritu de oración; de modo que les ruego que no «cambien de onda» demasiado rápido. En primer lugar, muchos padres creen que les dieron a sus hijos una enseñanza adecuada, cuando en realidad no tienen derecho a decirlo. Requiere más que un buen ejemplo e inculcarles la costumbre de ir a la iglesia todos los domingos. Recuerdo en especial a una familia que ilustra este hecho con claridad. Era una familia de dos hijos. Padre y madre se amaban tiernamente. Casi no pasaba un domingo sin que estuvieran en la iglesia, pero cometieron un error importante y trágico. Estos buenos padres nunca insistieron en que sus hijos les obedecieran, hasta que llegó el día en que esos jovencitos siguieron sus propios deseos y no tomaron en cuenta a sus padres. Ambos se casaron con personas inconversas y hoy están divorciados. No caminan con Dios y sus padres se preguntan por qué. Es preciso enseñarles a los niños a obedecer a sus padres para que sepan obedecer a Dios.

Lo que Dios pide	**La promesa de Dios**
1. Tener al niño bajo sujeción 2. Enseñarle obediencia 3. Apartarlo del pecado y llevarlo a Jesucristo 4. Educarlo de acuerdo a sus aptitudes 5. Educarlo desde su nacimiento hasta que salga del hogar para casarse	Si hemos cumplido con lo que Dios nos pide, nuestro hijo no se apartará de nuestras enseñanzas al llegar a la madurez.

Una de las cosas que Dios pide es que les enseñemos a nuestros hijos a obedecer. Cuando fallamos en eso, no podemos pretender que Dios mantenga su promesa. Algunos padres han fallado en su tarea de tener a los hijos bajo sujeción. Otros han fallado porque interrumpieron esta tarea demasiado pronto o la comenzaron demasiado tarde.

¿Qué es lo que debe hacer un padre cuando advierte que ha sido negligente y que el tiempo está pasando con rapidez? Quizá sus hijos ya sean grandes y pareciera que no queden esperanzas para lograr cambiarlos. Sin embargo, hay esperanzas, porque «nada es imposible para Dios». Considere los siguientes pasos a dar, no importa en qué etapa de su desarrollo estén, y confíe en que Dios podrá producir un cambio en sus vidas.

1. Reconozca y admita las áreas en que haya fracasado. Pídale a Dios que le muestre en qué puntos ha sido débil y muéstrese dispuesto a darles su verdadero nombre, por ejemplo, orgullo, irascibilidad, tolerancia excesiva, inconsecuencia, valores mal jerarquizados, etc.

2. Confíeselos a Dios y pídale que lo perdone.

3. Confíeselos a los miembros de su familia que hayan sido afectados y, con amor y espíritu de oración, confíe en que sabrán disculparlo.

4. Pídale a Dios que lo ayude a cambiar los hábitos y a lograr el desarrollo de un plan que pueda cambiar las cosas.

5. Tenga fe en que el Espíritu Santo podrá cambiar su vida y confíe en que Dios ha de corregir el mal que usted ha causado a sus hijos.

6. Comience a vivir desde este momento en adelante y no bajo el peso de la culpa del pasado.

Recuerde que Dios es el que más desea lograr hacer de usted un buen padre, pero sepa que tendrá que seguir sus principios.

Padres, si han seguido sinceramente los seis pasos anteriores, levanten la cabeza y prepárense a disfrutar la vida con sus hijos. ¡No se impacienten por ver el cambio que Dios va a producir! Amen a sus hijos tal como son y esperen con paciencia para que Dios actúe en sus vidas.

Dios no pretende que seamos padres perfectos

Es cierto, Dios no pretende que seamos padres perfectos, pero sí ha dejado sentados ciertos principios para la enseñanza de los hijos. Podemos quedar faltos en el cumplimiento de algunos aspectos, pero es preciso tener a los hijos en sujeción y enseñarles obediencia.

Enseñarles a ser obedientes es más que darles instrucciones. Es instruirlos y luego insistir hasta que estén de acuerdo en hacerlo.

Demasiado a menudo nos limitamos a darles instrucciones a nuestros hijos y no nos ocupamos de ver que las cumplan.

Un misionero muy capaz, después de veinte años de servicio, perdió su privilegio de ser reconocido como líder del grupo porque se rehusó a llevar a cabo órdenes de la forma en que había recibido instrucciones. Tras años de ser un eficiente colaborador, y a pesar de que los dirigentes de la organización lo amaban, lo admiraban y también reconocían plenamente su contribución a la obra del Señor, no podían confiarle el control absoluto de ciertas situaciones puesto que persistía en rehusarse a llevar adelante cuidadosamente las instrucciones recibidas. No peleaba ni discutía, pero en silencio hacía lo que le parecía bien a él. En algún punto de su niñez no se le insistió suficientemente en la necesidad de obedecer. Por esa razón perdió una gran oportunidad en su vida y tuvo que pasar por una experiencia traumática e innecesaria. La enseñanza eficaz puede reducirse a una simple fórmula:

Instrucción + amor + insistencia = enseñanza eficaz

Cada paso es un ingrediente importante en la instrucción de los hijos; ninguno de esos pasos pueden omitirse si es que esperamos los resultados deseados.

Si la instrucción impartida va seguida de insistencia en la obediencia, bien puede dar como resultado la rebelión, si es que se ha omitido el amor. Y si se imparte enseñanza amorosamente pero no se insiste en la obediencia, carecerá de valor.

No hay tal cosa como un padre perfecto. Aunque uno pudiera alcanzar la perfección, eso no haría siempre felices a nuestros hijos. No es posible juzgar la eficacia de la instrucción por la medida de felicidad de los hijos. A pesar de toda la dedicación que se ponga en llenar de felicidad la vida de los hijos, cada uno de ellos habrá de pasar por muchos momentos de angustia emocional que son inevitables en su crecimiento. Muchas veces creemos que tenemos la responsabilidad de garantizar cada etapa de su bienestar emocional. Un hijo triste hace que sus padres se sientan culpables y se acusen a sí mismos. A medida que los hijos atraviesan las etapas hacia la madurez, pasarán por alturas de alegría y pozos de tristeza, pero ninguno de ellos será duradero.

El mayor desafío para un padre no es lograr ser perfecto, sino enseñar a su hijo a que un día pueda tomar pleno control de sus responsabilidades en la vida. La criatura entra al mundo totalmente indefensa, ¡es tan indefensa que ni siquiera puede rascarse donde le pica! Nosotros como padres tenemos que llevar a ese pequeño ser indefenso hasta un plano de absoluta autorresponsabilidad en el lapso de unos 18 a 20 años. Con el objeto de alcanzar esa meta, los hijos deben pasar por sí mismos la experiencia del dolor emocional que es tan propio de la vida, para que lleguen a convertirse en adultos cabales.

Enséñeles a sus hijos el bien y el mal

¿Cuándo fallan los padres? ¿Cómo conoce el hijo el bien y el mal? Mentir, hurtar, hacer trampa, romper una promesa, son todas cosas que aun los chicos «buenos» cometen. El doctor Lawrence Kohlberg, profesor de Ciencias Sociales de la Universidad de Harvard, dice que los niños menores de diez años rara vez son capaces de discernir lo que los adultos llaman juicios de valor «puros». Hasta esa edad las nociones de «moralidad» no le llegan al niño de las ideas abstractas sobre el «bien» y el «mal», sino de los sentimientos que experimenta en cuanto a las consecuencias de su acción.

El niño obedece reglas para evitar el castigo o se comporta «agradablemente» con otros para que ellos sean «agradables» con él. Los niños vienen al mundo con una conciencia apagada o latente acerca de lo que es correcto o incorrecto. Muchas veces los adultos cometen el error de creer que el niño sabe la diferencia entre el bien y el mal, de la misma manera en que lo capta el adulto; pero los niños y los adultos razonan de manera diferente. Lo que le importa al niño es el resultado concreto de su acción mala, no la motivación que yace tras ella.

Muy a menudo reaccionamos mal emocionalmente por lo que hacen nuestros hijos, no tanto por la conducta misma, sino por lo que creemos intuir en ella. Cuando un chico roba un juguete en una tienda, ya nos parece que es un ladrón acabado. Cuando una criatura le pega a un niño más pequeño que él, nos parece que va a ser un «matón» para toda la vida. En cuanto el temor nos domina, comenzamos a juzgarnos y a condenarnos por haber fallado como padres. Pero si comprendemos mejor a nuestros hijos, procederemos con más calma, aun cuando tengamos que esforzarnos por instruirlos y tengamos que ayudarlos en su desarrollo moral.

Es importante que nuestros hijos entiendan que Dios no aprueba el robar o el golpear a otros. Pero no debemos dejar que el pánico nos domine si ellos continúan con sus inclinaciones naturales. Por el contrario, aprovechemos cada experiencia para mostrarles que eso está mal y que las acciones malas deben ser corregidas. En primer lugar, debe corregirse la relación con Dios, a quien es preciso pedir perdón. Y, en segundo lugar, debe corregirse el resultado de la acción en relación con la persona afectada. Esto será una señal de advertencia para que entiendan que no deben hacerlo otra vez. Una mala acción es desagradable a Dios, a papá, a mamá y, en fin de cuenta, a la víctima de las circunstancias.

La mejor oportunidad para enseñar y dialogar acerca de lo moral es cuando un chico hace algo particularmente digno de alabanza o cuando se siente inseguro acerca de alguna decisión. Es muy beneficioso para los niños tener que llegar a tomar una decisión propia, en determinadas circunstancias. Por ejemplo: Marta le prometió a Sarita que iría a su casa a pasar la noche. Marta no solo había hecho grandes planes sino que estaba muy entusiasmada por la idea de ir, pero sucedió que recibió otra invitación para hacer algo que le gustaba mucho y con uno amigos que quería aun más. Ahora se veía forzada a tomar una decisión.

Sus padres le dejaron la oportunidad de decidir por sí misma, pero le hablaron primeramente del aspecto moral que ello implicaba. Le advirtieron que era necesario que actuara de modo correcto, y que no debía permitir que otros la empujaran a tomar una decisión precipitada, sino que debía decidir qué cosas entraban en consideración para ayudarla a decidir. Juntos recordaron a quién le habían hecho una promesa. Si esa persona confiaba en que ella cumpliría su promesa, y si ella rompía su promesa por el deseo de hacer otra cosa, entonces lastimaría los sentimientos de esa amiga. Al final decidió que se sentiría demasiado triste y apenada consigo misma si no cumplía la promesa.

Cuando use este método, si usted ve que su hijo no capta el punto que intenta hacerle notar, formule el argumento y encárelo desde otro ángulo. Los niños pequeños no pueden ver otro punto de vista que el suyo propio; y la capacidad para ponerse en el lugar de otro es esencial para comprender una cuestión que supone un conflicto de derechos. Es importante acentuar la importancia de la rectitud. Todo acto moral termina siendo una cuestión acerca de si algo es o no justo. Las demandas de Dios para nuestra conducta están absolutamente centralizadas en esto. Los niños pueden desarrollar un sentido de lo justo desde muy pequeños, aun cuando signifique que dicho sentido debe ser reajustado a medida que adquieran mayor habilidad en el aprendizaje de las normas morales. Los padres también lograrán inculcarles mejores actitudes morales a sus hijos si evitan el uso de afirmaciones tales como: «Hazlo porque yo lo digo». En vez de eso, es mejor explicarles pacientemente la razón por las reglas que se les dan, y también sus propias creencias y acciones. La orden compulsiva debería dejarse como último recurso, después que fracasan todas las razones y explicaciones.

Hay varios métodos para enseñar la adquisición de valores. Una técnica recibe el nombre de «esclarecimiento de valores». Esta técnica se ha hecho popular porque se parece mucho a un juego. Se puede hacer alrededor de la mesa, cuando se viaja en automóvil, junto a la chimenea o en toda ocasión en que la familia esté reunida. Es así de simple: Se le hace a alguien, por ejemplo, la pregunta: «¿Qué hiciste o dijiste esta semana que agradara a Dios?» Un chico puede decir que defendió a alguien cuando todos los demás compañeros se estaban burlando de él. La mamá puede decir que dio por concluida una tarea hogareña que había programado hacer mucho tiempo atrás. El papá podrá responder que tuvo el valor de reprocharle a un compañero de trabajo la costumbre de usar constantemente el nombre de Dios en vano. Otro de los chicos contará cómo ayudó a uno de sus amigos a entregar su corazón a Jesucristo.

La conversación que se desarrolla después tiene el objeto de enfatizar cuáles son los valores que impulsan a cada una de las acciones anteriores: lealtad a un amigo, valor para oponerse a la conducta del grupo, perseverancia para completar un proyecto y capacidad de establecer prioridades en el uso del tiempo, saber mantener en pie las convicciones personales, saber compartir con los amigos una experiencia que puede cambiar la vida en vez de cerrar la boca y callar.

Otras preguntas podrán versar acerca de la manera en que se debería haber tratado cierta situación o cómo ayudarían a alguien en determinadas circunstancias. Este método no solo enfatiza los valores en la conducta de cada una de las personas, sino que les permite saber a los niños que usted respeta su opinión tanto como la de los adultos de la familia.

Hay una gran necesidad y es crear en el hogar una atmósfera en la que la dignidad de cada uno sea respetada, en la que la opinión particular reciba atención y sea evaluada por parte de cada uno de los demás.

No permita que le falte el respeto

«No le permitas jamás que te falte el respeto», fue el consejo de una madre a su hija que acababa de tener su primer hijo. Este es un consejo cuya filosofía es muy simple y muy casera, y sin embargo, gracias a él, esta pareja tiene ahora seis hermosos hijos que son la satisfacción de sus padres. Esa madre enseñó a sus hijos a ser respetuosos, no permitiéndoles ninguna falta de respeto, y entrelazando sus correcciones con disciplina y cariño. Una criatura irrespetuosa no aguanta la autoridad y no tiene un espíritu sumiso; y ambas cosas son esenciales para comprender lo que es la obediencia.

Los padres pasan por un choque emocional muy intenso con su primer hijo. Traen a ese pequeño regalo de Dios del hospital a la casa; ese pequeño ser que duerme en la cuna les parece como si hubiera sido transportado a la tierra en brazos de los mismos ángeles. Un cuadro sumamente tierno. De pronto, solo nueve o diez meses después, ese mismo ser angelical tiene la habilidad de mover su boquita y decir

«¡No!», a la orden cariñosa de sus padres. ¡Qué choque emocional! He visto a madres jóvenes llorar desconsoladas al ver a su hijito ponerse tenso y decir un «No» muy enfático con el objeto de hacer su voluntad. Este es el comienzo de varios años de disciplina que decidirán qué rumbo ha de tomar ese niño. Si usted comienza por disciplinar y gobernar su boca también será el comienzo de la disciplina sobre su cuerpo.

La sociedad está integrada actualmente por toda una generación que se crió basada en el principio de la tolerancia absoluta, por el que se les permitió a los hijos ser irrespetuosos con sus padres y con las demás figuras de autoridad. ¿Es de extrañarse, entonces, que ahora cosechemos las consecuencias de una generación que no conoció el freno en su lengua? El niño al cual se le permite levantar su puño desafiante a su padre y no se la aplica ninguna corrección, nunca sabrá alzar su rostro ante Jesucristo y decirle: «Amado Señor, ¿qué quieres que haga?» Como dice Santiago, necesitamos poner frenos a las bocas de nuestros hijos para que nos obedezcan y así poder dirigir también su cuerpo. La boca revela lo que realmente hay en el corazón. «De la abundancia del corazón habla la boca» (Mateo 12.34). «Lo que sale de la boca, del corazón sale...» (Mateo 15.18). El corazón y la boca están tan estrechamente relacionados que es necesario controlar la boca para enseñar obediencia y poder disciplinar todo el cuerpo.

¿Está enseñando a su hijo a ser detestable?

Muchas madres y también muchos padres les enseñan a sus hijos a volverse detestables. Es posible que esos padres bien intencionados no se den cuenta de ello, pero es un hecho que la atención, la aprobación y el afecto que un padre le da a su hijo constituyen una poderosa arma para evitar esa característica indeseable. Cada vez que la conducta de un hijo provoca una reacción negativa en el padre, es casi seguro que aquel intente repetirla. Por ejemplo, un niño pide alguna cosa a su madre en un tono de voz normal, pero la madre no le responde porque está ocupada hablando con una amiga. La voz del chico se hace cada vez más aguda e insistente. Al fin la madre le presta atención. Sin advertirlo, esa madre le ha mostrado a su hijo que cuanto más fuerte levante la voz y más insistente se vuelva, es más probable que consiga lo que quiere. Esa madre ha seguido la fórmula perfecta para enseñarle a su hijo a volverse detestable.

Una vez observé a un padre durante una comida; tranquilamente ignoró a su hijita que le hacía una pregunta en forma sosegada; el padre estaba enfrascado en su comida y en una conversación con la persona a su lado, mientras ella le dirigía la palabra. Al final, la criatura, en su desesperación, comenzó a lloriquear y a comportarse de modo grosero. Entonces, sí captó la atención de su padre, junto con su respuesta irritada.

Es necesario que los padres estén conscientes de qué tipos de comportamiento están reforzando en sus hijos. Por medio de sus bien planeadas o descuidadas respuestas, los padres ejercen una poderosa influencia en la formación de buenos o malos comportamientos en sus hijos.

Los niños tienen derecho a que se les diga «NO»

Los chicos no quieren que se les dé todo lo que piden. Muchas veces vienen en busca de ayuda y cuentan con que uno les diga «NO».

Una jovencita volvió a la casa anunciando que había una chica nueva en su curso.

—Parece muy encantadora. Se llama Bárbara. Me invitó a ir a su casa y quedarme a pasar la noche allá. ¿Puedo ir, mamá?

La madre levantó la vista del diario que estaba leyendo, y respondió:

—Sí, querida, está bien.

La hija la miró con un gesto de consternación.

—¿Puedo ir, mamá?

—Te dije que sí, querida. Y no olvides llevar tu cepillo de dientes y tu peine.

—Pero, mamá —dijo la jovencita completamente aburrida—, casi no la conozco y no me gustaría pasar la noche en su casa. No me sentiría a gusto.

La madre la interpeló con irritación:

—¿No quieres ir a dormir a su casa? Entonces, ¿por qué me pides permiso?

—Porque Bárbara me invitó. Yo tenía que pedirte permiso, pero estaba segura que me dirías que «no». No creo que sea el tipo de chica que a ti te agrada.

Muchas veces los hijos ponen a prueba a sus padres y son ellos los que les fallan. Puede ser que les importunen y molesten llevando su paciencia al límite para hacerles cambiar de idea, pero interiormente experimentan decepción si la madre o el padre no son capaces de mantenerse en su decisión original. Uno de los comentarios más comunes que uno escucha entre los jovencitos es este: «Se lo permiten hacer a todos menos a mí. Soy el único al que le dicen no». Este argumento muchas veces es una declaración exagerada de los hechos, destinada a hacer sentir a los padres como que están fuera de tono con la época. La mejor respuesta para eso es: «No me importa lo que les permitan hacer a los otros chicos. Sus padres son responsables de ellos, yo soy responsable de ti. Dios te entregó a nosotros para que te cuidemos. Mi respuesta es NO y se acabó el asunto».

A los niños les gusta que haya márgenes bien definidos que digan claramente: «Estos son los límites. De aquí en adelante no se debe pasar». Todos ellos están profundamente conscientes de que la disciplina es una forma especial de amor. Es como si se les dijera: «Eres muy especial para mí. No quiero que te metas en problemas. Mi juicio es mejor que el tuyo, puedes tenerme confianza. Yo ya he andado el camino y lo conozco muy bien. Puedes gritar y rabiar; puedes llamarme anticuada y creer que soy una vieja desubicada, pero mi respuesta sigue siendo NO y eso es todo».

Su hijo desarrollará un sentido de seguridad y autoestima cuando se dé cuenta de que usted tiene convicciones muy firmes en ciertos puntos y que no va a claudicar ante la prueba.

Permítale operar con libertad dentro de los principios que usted ha establecido para el bien suyo. El hijo que carece de esos límites es el que sin lugar a dudas va a sufrir de una pobre imagen de sí mismo y de un sentido de inseguridad. Necesita la confirmación de que alguien lo quiere lo suficiente como para darle unas cuantas reglas bien definidas para crecer en la dirección correcta.

Padres, que Dios los ayude a ser observadores y a proteger a sus hijos, mostrando el valor de decir «NO» cuando haga falta.

Respeto al derecho de los demás

Aprender a respetar los derechos de los demás es un paso gigantesco en el logro de la madurez. Cuando un niño aprende a valorar las posesiones ajenas, ya sean propiedades particulares o el tiempo de otros, ha aprendido una lección valiosa que le ayudará para llegar a ser un adulto bien adaptado, aceptado por todos. Quizás la lección temprana sea enseñarle a esperar su turno para hablar y no querer interrumpir a otros cada vez que se le prende una lucecita en el cerebro.

Estábamos de visita en una casa en donde había hijos adolescentes. Estos chicos podían sentarse a la mesa y portarse muy bien, con excepción de un detalle. Cada vez que sentían inspiración por algo, no importaba quién estuviera hablando, interrumpían al instante y demandaban la atención de los demás. Yo no hubiese objetado nada si se hubiera tratado de cinco o seis interrupciones. Pero parecía que los chispazos de inspiración venían cada vez más seguido, hasta que pronto advertí que tres o cuatro de los que estábamos a la mesa nos quedábamos siempre con las frases a medio terminar. El comentario de la madre fue advertirnos la lucidez que caracterizaba a sus hijos. En mi opinión, sus lenguas eran más rápidas que sus cerebros. Me atrevo a decir que esa familia tiene un problema entre manos. Esos jovencitos no saben respetar los derechos de los demás y jamás lo aprenderán, a menos que se les enseñe la lección.

En contraste con eso, mi hija me dio una vez un hermoso ejemplo cuando fui a su casa. Su hijita de cuatro años tenía algo que quería decir con mucho apuro, pero alguien estaba en la mitad de un relato. Mi hija se inclinó y le susurró al oído que enseguida le darían a ella el turno para hablar. Esperó, no muy pacientemente, pero era una manera de ir aprendiendo que había otros que tenían el derecho de hablar en ese momento. Luego le llegó el turno a ella y se puso a la altura de la situación como una veterana, relató su pequeña historia mientras los demás escuchaban, y luego preguntó: «¿De quién es el turno ahora?» Ese día aprendió una valiosa lección. ¿Acaso no conocemos todos a alguna persona adulta a quien le hubiera venido bien esa lección en su temprana edad?

La importancia de la autoridad paterna

Una criatura que aprende a ceder frente al liderazgo cariñoso de sus padres será capaz de someterse a otras formas de autoridad con las que se vea confrontada más tarde en la vida. La falta de respeto por el liderazgo de alguien produce rebelión y confusión. Lo que es más importante aún, la persona que aprende a someterse a la autoridad amorosa de sus padres, sabrá someterse a la autoridad amorosa de su Padre celestial.

Ahora bien, independientemente de que nos guste o no, el niño siempre relaciona a sus padres con Dios. Su visión de Dios es la misma que tiene de sus padres. ¿Es de extrañarse que muchos niños tengan una visión distorsionada de Dios? El amor de los padres debe reflejar tanto autoridad como amor sin límite para que puedan representar correctamente la naturaleza de Dios. Los hijos aprenderán de las tiernas misericordias de Dios a través del amor de los padres hacia ellos.

Nuestro Padre celestial también es un Dios de autoridad. Representar a un Dios de amor pero no de autoridad es una distorsión tan seria de la verdad como representar a un Dios de absoluta autoridad pero sin amor. Por lo tanto, de un niño que no respeta la autoridad de sus padres y al que se le ha permitido ser insolente y desobedecer las instrucciones, mal puede esperarse que se someta voluntariamente a la autoridad de Dios. Su primer acto de sumisión es hacia la autoridad de los padres, luego al liderazgo de sus maestros y de los servidores públicos y, por último, a la soberana autoridad de Dios.

Los niños aprenden observando

Mucho más importante que lo que usted diga o trate de enseñar es la forma en que vive. Los niños aprenden mucho más observando e imitando lo que usted hace. El doctor Howard Hendricks, profesor del Seminario Teológico de Dallas, Estados Unidos, ha dicho en sus charlas sobre vida familiar que no es posible enseñar lo que no se sabe. No es posible enseñar a sus hijos lo que no se ha experimentado. Antes que un padre pueda despertar interés en su hijo por las cosas espirituales, es preciso que él mismo haya tenido una experiencia personal con Jesucristo y se haya hecho un propósito de crecimiento continuo en el Señor.

La mayor debilidad de los hogares cristianos es la de los padres que tratan de enseñarles a sus hijos principios contrarios a los que ellos mismos practican. Este libro puede beneficiarlo mucho más si usted se detiene primeramente a mirar su propia vida y su obediencia a Dios. Entonces Dios podrá ayudarlo a convertirse en la clase de padre que sus hijos necesitan.

1. *Reconozca* que Jesucristo es la única provisión de Dios para el pecado del hombre.

«Dios demuestra su amor por nosotros en esto: en que cuando todavía éramos pecadores, Cristo murió por nosotros» (Romanos 5.8).

«En él tenemos la redención mediante su sangre, el perdón de nuestros pecados, conforme a las riquezas de la gracia» (Efesios 1.7).

2. *Arrepiéntase* de su egocéntrica voluntad:

«¡Les digo que no! De la misma manera, todos ustedes perecerán, a menos que se arrepientan» (Lucas 13.3).

3. *Reciba* a Cristo como su Salvador y Señor, entregándole su vida y haciéndolo Señor de ella. Cuando usted lo invite a entrar, Él le limpiará de su pecado anterior, le dará sabiduría y le guiará en su futuro andar.

«Mas a cuantos lo recibieron, a los que creen en su nombre, les dio el derecho de ser hijos de Dios» (Juan 1.12).

«Porque «todo el que invoque el nombre del Señor será salvo»» (Romanos 10.13).

4. *Recuerde* que debe dejar que Jesucristo dirija sus decisiones de su vida cotidiana.

«Reconócelo en todos tus caminos, y él allanará tus sendas» (Proverbios 3.6).

«No se emborrachen con vino, que lleva al desenfreno. Al contrario, sean llenos del Espíritu» (Efesios 5.18).

Cuando Cristo controle su vida, usted solo se permitirá pensar acerca de esas cosas que le agradan a Él, cosas que crean una atmósfera de paz, amor y felicidad.

El secreto de ser la clase de padre que Dios quiere que usted sea radica en la adhesión a los cuatro principios que anteceden:

1) Reconocer.
2) Arrepentirse.
3) Recibir.
4) Recordar.

Después de que dé esos pasos, las consecuencias de ello no tardarán en manifestarse.

Usted comenzará a andar «en el Espíritu», lo que significa compañerismo y comunión diaria con Jesucristo. Gálatas 5.16-17 dice: «Así que les digo: Vivan por el Espíritu, y no seguirán los deseos de la naturaleza pecaminosa. Porque ésta desea lo que es contrario al Espíritu, y el Espíritu desea lo que es contrario a ella. Los dos se oponen entre sí, de modo que ustedes no pueden hacer lo que quieren».

El viejo refrán que reza: «Lo que haces habla tan fuerte que no puedo escuchar lo que dices», es verdad sin duda alguna. Qué importante es, entonces, que los padres y las madres estén sometidos a Jesucristo, que habrá de guiar y dirigir lo que hagan, para que no sea contrario a lo que digan. Cuando somos controlados por el Espíritu, nuestras actividades, nuestros pensamientos, nuestras acciones y nuestras respuestas se ven influidas de modo positivo.

La herencia que Dios nos da al tener hijos, ciertamente merece ese acto de obediencia y dedicación por parte nuestra. ¿Qué mejor recompensa podemos tener que ver a nuestros hijos llegar a la madurez como ciudadanos respetuosos de la ley y, sobre todo, hombres y mujeres dedicados a Jesucristo?

¿Por qué desobedecen los hijos?

Existen seis razones principales por las cuales un hijo puede volverse desobediente. Algunos pueden tener problemas en un área, mientras que otros los pueden tener en todas.

1. *No conoce personalmente al Señor.* Esta es la primera causa de desobediencia y también la más importante. Es de suma importancia que los padres lleven a sus hijos a Cristo a una edad temprana. Cuando un niño se entrega a Cristo desde pequeño, se evita una buena cantidad de hechos de desobediencia, porque estará en paz consigo mismo. La obra transformadora de Cristo hace un gran efecto en la personalidad total del niño.

2. *Se le ha permitido alimentar los pecados de la carne.* El niño al que se le ha permitido exigir de modo egoísta sus gustos y alimentar sus inclinaciones naturales, se volverá rebelde con los padres. Cuando se le permite leer todo lo que se le ocurra, observar cualquier programa de televisión que se le antoje, cualquier película, navegar por internet o usar un videojuego sin tomar en cuenta la lista de recomendaciones paternas que requiera, se volverá un rebelde en cuanto a Dios.

Es realmente espantoso lo que se muestra en las pantallas de todo el mundo —incluidas las de las computadoras y los diversos aparatos en los que se manifiestan las redes sociales y el resto del mundo cibernético— y su efecto en la mente de los que se atan a ellas quienes, en altísimo porcentaje, son jovencitos. No logro entender a las madres que se preocupan de que sus hijos tengan buena comida, sábanas limpias, vajilla esterilizada, lustrada y luego le dan sus espaldas y permiten que sus hijos se alimenten de los tarros de basura del mundo, los que harán más para contaminar su vida y destruirla que hacerlos dormir en sábanas sucias o comer con una vajilla mal lavada.

¿Sabe usted qué libros ha estado leyendo su hijo, qué películas o páginas web ha estado viendo o que video ha estado jugando? Un padre decidió que vería durante un mes todos los programas de televisión que veía su hijo, todas las películas de cine a las que su hijo asistía, todo lo que navegaba en internet y que supervisaría sus videojuegos. Después de veinte días, ese padre decidió que ya no aguantaba más. Todo aquello le estaba afectando su vida mental, sus actitudes, y se dio cuenta de que había descubierto la razón por la cual su hijo se estaba convirtiendo en una persona rebelde e ingobernable. El padre pruden-te sabrá casi todo lo que el niño usa para alimentar su mente y ha de establecer las normas adecuadas.

3. *Ha vivido sin ser disciplinado por sus padres.* Los padres que son tolerantes en exceso no han cumplido con su papel de ser correc-tores amorosos de sus hijos. La Biblia dice que el padre tiene que ser la cabeza de la familia y que tiene que ver que sus hijos sean criados bajo autoridad y disciplina. En todas las páginas de Proverbios, en el Antiguo Testamento, hay numerosos textos que amonestan a los padres a criar a sus hijos en los caminos de la sabiduría. La madre cumple el papel de ayudante y suple en la ausencia del padre.

4. *No ha despertado en él el espíritu de sumisión.* La mejor mane-ra en que los hijos aprenden sumisión es imitando a otros: los hijos viendo a sus padres someterse a Dios; las hijas viendo a sus madres someterse a sus esposos. Para obedecer, el niño necesita tener espíritu de sumisión. La disciplina debe ser impartida en privado, entre padre e hijo, pero debe restituir públicamente la relación con la persona afectada.

Una vez tuvimos un episodio de este tipo durante los años en que nuestros hijos eran pequeños. Dos de ellos volvían del supermercado con su padre. En el camino, este se dio cuenta de que los dos tenían unos paquetitos de caramelos que él no había adquirido. Cuando los confrontó con la evidencia, los dos admitieron que se habían servido por sí solos la mercancía. Se les aplicó la «vara de corrección» y luego regresaron los tres al negocio para hablar con el gerente. La relación se restituyó después que ellos confesaron lo que habían hecho, pidieron disculpas, devolvieron los caramelos que quedaban y pagaron lo consumido con dinero de sus alcancías. Este tipo de corrección les enseña un espíritu de sumisión y el respeto a la autoridad.

5. *Está luchando por el afecto y la atención de sus padres.* Por desdicha, el hijo descubre que una de las maneras más eficaces de captar la atención de sus padres es comportándose mal. Para una criatura que está hambrienta de amor y comprensión, las consecuencias de su conducta desobediente son la cuota que bien merece ser pagada para lograr la atención de sus padres, aunque sea en forma temporal. Muchos padres están tan imbuidos en la persecución de sus propias metas en la vida, que fracasan en prestar atención a las mismas luchas que tienen sus hijos. Los niños que logran ser los mejores estudiantes, casi siempre provienen de hogares unidos, en donde reina mucho amor paternal.

6. *No se le ha enseñado a respetar a las autoridades.* El niño al que no se le han dado instrucciones para respetar la autoridad de su padre, tendrá gran dificultad para respetar la autoridad de sus maestros, de los servidores públicos, empleados y, sobre todo, de su Padre celestial. Puede que no sepan respetar la autoridad porque no han visto a su madre respetar a su esposo, o no han visto a su padre someterse a Dios. La mejor manera de aprender, es viendo el ejemplo paternal. ¿Dónde están los tiempos en que se les enseñaba respeto a los niños y contestaban: «Sí, señor», «No, señor»? Ahora, en cambio, las respuestas no pasan de un «ajá» o de un «hummm», si es que se dignan responder. No son tanto las palabras las que importan, sino la actitud respetuosa y la disciplina que acompaña al «Sí, señor», o al «No, señor». Antes de que un niño sepa lo que es respetar, debe saber quién tiene la autoridad, quién ostenta el poder y quién representa la fuerza superior.

Antes de completar el capítulo permítame aconsejarle que empiece a responder desde ya a las ya mencionadas seis razones por las cuales el niño puede desobedecer. Examine las actitudes y las respuestas de sus hijos para ver qué puntuación reciben y si están en camino de ser obedientes. Si su marca es alta, entonces usted marcha por el buen camino y está cumpliendo con su deber de instruir a su niño por donde debe andar. Saber impartir instrucción no requiere tener grandes posesiones materiales, una educación superior ni un coeficiente de inteligencia sobresaliente. Requiere únicamente disciplina en cuanto a responder a la vocación de padre, y obediencia al Señor.

Durante los programas del segundo centenario de la independencia de los Estados Unidos., mi esposo y yo, junto con nuestros dos hijos solteros, visitamos muchos de los lugares históricos del este de los Estados Unidos. En el Cementerio Old Granary, de Boston, descubrimos una tumba muy vieja cuya inscripción apenas se podía leer. Era la tumba de los padres de Benjamin Franklin. Decía solo lo siguiente: «Joseph Franklin, 89, y Abiah su esposa, 85, yacen enterrados aquí. Vivieron juntos 55 años sin posesiones ni cargos gananciosos; pero su laboriosidad y franca perseverancia fueron suficientes para mantener una gran familia sin privaciones. Trece hijos y siete nietos crecieron con dignidad. De esto, buen lector, recibe el aliento para ocuparte en tu vocación con diligencia y confiar en la mano de la providencia: él era un hombre pío, y ella una mujer discreta y virtuosa».

10

LA DISCIPLINA NO ES SOLAMENTE CASTIGO

«Hijo mío, obedece el mandamiento de tu padre y no abandones la enseñanza de tu madre. Grábatelos en el corazón; cuélgatelos al cuello. Cuando camines, te servirán de guía; cuando duermas, vigilarán tu sueño; cuando despiertes, hablarán contigo. El mandamiento es una lámpara, la enseñanza es una luz y la disciplina es el camino a la vida».

Proverbios 6.20-23

La disciplina no es solamente castigo. La disciplina es algo que uno hace por un hijo, no simplemente lo que se le hace al hijo. Si los padres llevaran a cabo —al pie de la letra— la disciplina, tendrían muchos menos castigos y tundas que dar. La disciplina es parte del carácter que se edifica en el hijo y lo que le dará su estilo de vida.

Efesios 6.4 dice: «Y ustedes, padres, no hagan enojar a sus hijos, sino críenlos según la disciplina e instrucción del Señor». Este tipo de disciplina significa guiar a un niño para ayudarlo a madurar y desarrollar su carácter dentro de ciertas directrices definidas. Es mucho más que darle órdenes y listas de normas. Disciplinar es instruir, educar, guiar y formar con fidelidad y con reglas consecuentes. En la mente de mucha gente, la disciplina significa castigo, y el castigo un medio para lograr que el niño se comporte bien. Hay dos aspectos en la disciplina: el correctivo y el preventivo. En determinados momentos es indispensable usar medidas correctivas, pero las medidas preventivas impartirán autodisciplina a sus hijos.

Cuando usted educa a un niño está formando un discípulo. Dice el doctor Henry Brandt: «La paternidad es el proceso de hacer discípulos de nuestros hijos». En los primeros años será un discípulo de ustedes, sus padres; pero luego, a medida que se haga adulto y usted haya sentado las bases para su formación, se convertirá en un discípulo de Cristo Jesús. Primeramente seguirá su enseñanza y su ejemplo. Es muy importante entonces que ese ejemplo y esa enseñanza guarden un estrecho paralelo con los de Cristo. ¿Será que su hijo ve que un padre indisciplinado trata de enseñarle disciplina?

El padre que no asume la responsabilidad de disciplinar a su hijo lo trata como a un bastardo. Dice Hebreos 12.8: «Si a ustedes se les deja sin la disciplina que todos reciben, entonces son bastardos y no hijos legítimos». Un hijo al que no se le administra disciplina, se siente como si no perteneciera a nadie, lo que afecta negativamente su imagen de sí mismo.

La disciplina y el amor van de la mano. Cuántas veces los padres le han dicho a su hijo antes de darle una tunda: «Esto me duele más a mí que a ti», pero el hijo no les ha creído en absoluto. Cuando la disciplina va unida al amor, al padre realmente le duele aplicarla. Lo ayuda a comprender, siquiera parcialmente, lo que siente Dios cuando tiene que castigar repetidamente a sus hijos. Es imposible impartir disciplina efectiva sin amor; y el amor sin disciplina no tiene firmeza ni es verdadero amor. La disciplina sin amor es fría y militarista, pero si las dos cosas van unidas, se convierten en un arma eficaz para educar, guiar y corregir a los hijos.

La corrección no tiene un buen efecto en la criatura que no se siente amada. El dolor físico no implica eficiencia. Cuando el padre ha logrado una relación firme con su hijo, la disciplina correctiva hará que ambos se unan aun más. La confianza y el respeto del hijo por el padre le darán la seguridad de que no le aplican castigos simplemente por vengarse o dar rienda suelta a su enojo. Lo que el niño siente, más bien, es que sus padres en verdad se preocupan por él. Muchas veces nuestros hijos se mostraban realmente cariñosos con nosotros después de recibir una paliza. Más que sentir temor en ese momento, lo que experimentaban era alivio por haberse restituido una relación correcta con sus padres. Cuando los padres aman de veras a sus hijos, la corrección hace nacer una clase de respuesta por parte de los hijos que los hace querer tener la madurez de sus padres, y sentir el deseo de complacerlos y merecer su buena opinión.

Los primeros dos años de la vida del niño son los más importantes, en los que el amor de los padres provoca una respuesta en ellos. En ese período se plasma su confianza o su desconfianza, su respeto o su falta de respeto por la autoridad. Todo padre cristiano desea ver convertirse a su hijo en un ciudadano responsable y en un creyente temeroso de Dios. Eso requiere una formación constante. Afirmar estos importantes factores en su vida requiere cada hora, cada día, cada semana, cada mes que transcurre. Ninguna madre puede correr el riesgo de dejar que sean otros los que eduquen a sus hijos durante esos años cruciales.

Durante su primera infancia, el pequeño necesita estar junto a su madre la mayor parte del día, con el objeto de recibir consuelo, amor e instrucción cuando más lo necesita. El niño necesita esa correcta relación madre-hijo que se da durante esas horas, para que luego se desarrolle con normalidad la etapa preescolar y la escolar. A las madres que se ven obligadas a trabajar porque son el sostén de sus hijos, les aconsejo enviarlos a un centro o guardería cristiano que sabrá impartir buenos principios en el corazón de sus hijos. Además, hágase el propósito de pasar la mayor parte de su tiempo libre, y lo que le queda después de descansar, para realizar juntos actividades que cimentarán en ellos confianza y respeto.

Es preciso que los hijos disciernan entre lo que es mal y buen comportamiento, para que su crecimiento sea correcto y desarrollen una buena imagen de sí mismos. Por lo general, cuando los hijos son bien educados y tienen buenos modales, no se les presta mayormente la atención. Si ellos no nos molestan, entonces nosotros no los molestamos a ellos. Cuando el chico se porta mal, recibe de inmediato nuestra atención. En vez de ignorarlo cuando se está portando bien, trate de hacerle un comentario positivo de lo que está haciendo, tal como: «Qué lindo es escucharlos jugar sin pelear», o hacerle una observación acerca de lo placentero que es cuando toda la familia se comporta bien y lo mucho que él ha contribuido a ello.

Ayuda mucho en la corrección del mal comportamiento, que el buen comportamiento sea reforzado cada día. Siempre encontraremos algún motivo para alabar a nuestros hijos si nos esforzamos lo suficiente por hacerlo. Durante un curso de estudios de educación infantil, me asignaron las clases de observación en un instituto para preescolares que era muy bien llevado. Uno de los varoncitos que asistía era el terror de su maestra y también de sus compañeritos. Quisimos buscar algún motivo de elogio para lograr una conducta más positiva de su parte. Nos llevó bastante tiempo, pero al fin encontramos algo positivo. Cada día había un período de descanso por la tarde y un día el niño cumplió con lo que debía hacer: descansar. (Es probable que estuviera exhausto de mortificar a su familia el día anterior.)

La maestra aprovechó esa circunstancia para anunciar después de ese tiempo de descanso, que el niñito había sido el mejor y el más «descansado» de todos. La madre nos contó luego que esa noche le había informado a toda la familia que él había sido el que mejor descansó en la clase, que la maestra lo había dicho. Durante los días que siguieron, continuó descansando sosegadamente, cosa que no solía hacer antes. Los niños responden muy bien a los elogios y siempre hay algo por lo cual alabarlos, si los observamos suficientemente.

¿Qué grado de eficacia alcanza su disciplina?

Es prudente retroceder un paso y dar un buen vistazo a la disciplina que usted ejerce sobre sus hijos para examinar su eficiencia y su calidad. A menos que un niño entienda lo que se espera de él, no tiene manera de responder. El comienzo de toda buena disciplina debe empezar por una comunicación simple y eficaz. La meta final de la disciplina debiera consistir en lograr que nuestros hijos adquieran autodisciplina. Para ello el primer paso es una comunicación correcta. Un buen plan para disciplinar a los hijos debe tener las siguientes características. Pregúntese lo siguiente:

1. *¿Es constructiva?* La disciplina debe tener por resultado infundir seguridad en el niño, no frustración. Proverbios 23.19 dice: «Hijo mío, presta atención y sé sabio; mantén tu corazón en el camino recto».

2. *¿Está logrando que hagan buenas decisiones?* La disciplina debe lograr que el niño reciba la guía y la información necesarias para tomar buenas decisiones por sí mismo. Si logra esto, usted le estará ayudando a adquirir autodisciplina. Proverbios 19.20 dice: «Atiende al consejo y acepta la corrección, y llegarás a ser sabio».

3. *¿Es consecuente en el modo de impartirla?* La verdadera disciplina significa que seremos firmes y consecuentes en relación a toda desobediencia. La disciplina que se exige un día y se deja de lado al siguiente, no tiene ningún efecto. Proverbios 29.17 dice: «Disciplina a tu hijo, y te traerá tranquilidad; te dará muchas satisfacciones».

4. *¿Comunica amor?* La disciplina debe nacer de un corazón lleno de amor por el hijo. Es una forma de darle seguridad y confianza, y hacer que se sienta parte de la familia. Recuerde: «Porque el Señor disciplina a los que ama, y azota a todo el que recibe como hijo» (Hebreos 12.6).

5. *¿Es confidencial?* El niño necesita saber que la disciplina es asunto entre el padre y él, y que no se convertirá en el tema de conversación de la próxima reunión social entre vecinos. Jeremías 31.34 dice: «Yo les perdonaré su iniquidad, y nunca más me acordaré de sus pecados».

Este tipo de confianza también le asegura al niño que usted lo ha perdonado y habrá de olvidar el asunto.

Hay varias formas de impartir disciplina eficaz, y el padre sabio sabrá seleccionar la apropiada para cada ocasión:

1. *Puede privar a su hijo de algo muy importante para él.* Por ejemplo, puede quitarle el privilegio de usar algo o hacer alguna cosa que le gustaría. Si Juanito estira la plastilina sobre la mesa de madera de caoba cada vez que la saca para jugar (y sabe que no debe hacerlo), entonces prívelo del uso de su equipo de plastilina por unos días. Tenga la seguridad de que ya le ha comunicado con claridad que no debe poner la plastilina sobre la mesa del comedor. Por lo tanto, la mejor manera de hacer que recuerde eso es quitarle el privilegio de usarla por varios días. Eso le va a servir como una advertencia de que la plastilina no es para usar sobre una mesa de madera fina, sino solo sobre alguna mesa que su mamá le haya indicado.

2. *Puede aislar a su hijo de los amigos o recluirlo dentro de su cuarto.* Es importante que usted lo mande al cuarto de un modo que él entienda que no ha de permanecer allí toda la vida. El propósito es estimularlo a que cambie de comportamiento y que, cuando se sienta capaz de hacerlo, regrese otra vez. Quizás Sarita haya fastidiado mucho a sus amiguitos, al punto de estar causándoles muchas molestias. En primer lugar, comuníquele a Sarita que su conducta está causando problemas. Luego dígale que tendrá que ir a su habitación a jugar sola hasta que decida que puede controlar sus acciones. Es necesario hacerle notar siempre que, cuando cambie de actitud, podrá volver a jugar nuevamente con sus amigos.

3. *Puede dejar que la criatura experimente las consecuencias de su mala acción.* Si usted le ha advertido algo y no ha hecho efecto, entonces puede recurrir a la ingrata experiencia de que su hijo sienta en sí mismo las consecuencias de su acción. No permita esto si es que las consecuencias significan un grave daño para la criatura; usted es responsable de medir esos efectos. Pero recuerde que un poco de dolor físico momentáneo es mejor que estar constantemente regañándoles y castigándoles. Por ejemplo, Sarita tiene la mala costumbre de tirarle la cola al gato. Usted le ha comunicado lo que eso significa, una y otra vez. Hasta que al fin decide que Sarita tendrá que experimentar por sí

misma qué sucede cuando se le hala la cola al gato más de lo que este aguanta. Aunque sin duda habrá de sufrir un poco de dolor transitoriamente, también habrá aprendido por propia experiencia, cuáles son los resultados de halarle la cola al gato.

4. *Puede usar el método monetario para el buen y mal comportamiento.* Este método tiene algunas desventajas muy serias. Quizás la más importante es que crea motivaciones falsas. Algunos padres ponen cuadros en la pared en los que asignan tareas a los hijos para toda la semana. Luego se van acumulando los puntos para cada tarea cumplida, tal como arreglar la cama, lavar los platos, sacar la basura, etc. Cuando no cumplen un objetivo, se les restan puntos. El premio final de la semana será cierta recompensa en dinero por la puntuación alcanzada.

A la mayoría de nosotros no nos gusta que nuestros hijos hagan las cosas por dinero únicamente. Los niños necesitan saber que cada miembro de la familia tiene su parte de responsabilidad como miembro de la misma. En realidad, este método es una forma encubierta de soborno y no le permite al padre llegar a la raíz de la falta de obediencia o motivación del hijo. Mucho mejor sería premiarlo de vez en cuando con alguna bonificación especial, como agradecimiento por su colaboración espontánea, cuando responde en forma voluntaria a las tareas del hogar.

5. *Puede castigarlo con una tunda.* Se debe reservar el castigo físico para casos de provocaciones voluntarias o cuando todo lo demás haya fallado. No se debería usar el castigo corporal para enseñarles responsabilidad. El castigo físico está destinado a los casos de franca provocación por un acto de desobediencia y, si se lo administra tal como la Biblia lo afirma, entonces sirve para mandar una pequeña señal luminosa al cerebro del niño, que dice: «No conviene que lo vuelva a hacer». Hay tundas buenas y malas.

Una paliza fuera de lugar es aquella que se administra con crueldad, con sadismo, presa de un arranque de ira. Eso hace que el hijo quede lleno de amargura y espíritu de venganza, además de que carece de todo efecto beneficioso. Una buena tunda debe ir precedida de una actitud sana y positiva. Primero se deben comunicar los motivos por los cuales se le castiga, luego debe ser aplicada con una «vara de corrección», y con mucho amor. Un padre mandó a hacer una palmeta que llevaba la inscripción: «A mi hijo, con amor». La Biblia señala claramente la relación entre la vara de corrección o disciplina y el amor.

La vara de la disciplina o la corrección

«Ciertamente, ninguna disciplina, en el momento de recibirla, parece agradable, sino más bien penosa; sin embargo, después produce una cosecha de justicia y paz para quienes han sido entrenados por ella» (Hebreos 12.11). La Biblia da suficiente instrucción acerca de cómo castigar a nuestros hijos. Siempre alude a una varilla cuando se refiere al castigo. A continuación presentamos una lista de algunos versículos sacados de los Proverbios que se refieren a la vara de la corrección.

1. No corregir al hijo es no quererlo; amarlo es disciplinarlo. Proverbios 13.24.

2. La necedad es parte del corazón juvenil, pero la vara de la disciplina la corrige. Proverbios 22.15.

3. No rehúses corregir al muchacho; porque si lo castigas con vara, no morirá. Proverbios 23.13, RVR1960.

4. Lo castigarás con vara, y librarás su alma del Seol. Proverbios 23.14, RVR1960.

5. La vara de la disciplina imparte sabiduría, pero el hijo malcriado avergüenza a su madre. Proverbios 29.15.

Creo sinceramente que Dios no quiere que los padres usen la mano para castigar, excepto para el caso de tener que darle una palmada a una criatura muy pequeña. Como no puede entender las palabras, entenderá el significado de la palmada cuando su mano se estira para tocar el enchufe eléctrico.

La Biblia constantemente se refiere a la «vara de la corrección o la disciplina». Los niños terminan por experimentar un sentimiento de temor hacia la vara, y si usted usa la mano para castigarlos, terminarán sintiendo temor por la mano que se extiende hacia ellos con ternura y con afecto. Además, si se usa la vara, eso da tiempo a que uno se serene antes de aplicar la tunda en un arrebato. Después que usted ha aclarado bien por qué se ve precisado a usarla, mande a su hijo a buscarla y tendrá tiempo para orar y confesar su enojo, y pensar cuál es el próximo paso que va a dar antes de proceder a castigarlo. Siempre solíamos mandar a nuestros hijos a buscar la «vara», que era una cuchara de madera. No se imaginan lo que costaba encontrar esa cuchara a veces, como si hubiera tenido patas para caminar.

Conversando sobre el tema con otros padres he descubierto que muchos de ellos les pegaban a sus hijos a menudo con la mano en la cabeza, la cara y otras partes del cuerpo, en un arrebato de ira. Toda disciplina hecha en un arranque de enojo es nociva e incorrecta. Eso es castigar con resentimiento, frustración y ánimo de venganza. (Ninguna de esas cosas puede respaldar un castigo correcto ni será de ningún bien para el niño.) En la Biblia se nos advierte acerca de los hombres (o mujeres) llenos de enojo, y se nos dice que los evitemos.

1. No te hagas amigo de gente violenta, ni te juntes con los iracundos. Proverbios 22.24.

2. El hombre iracundo provoca peleas; el hombre violento multiplica sus crímenes. Proverbios 29.22.

3. El necio da rienda suelta a su ira, pero el sabio sabe dominarla. Proverbios 29.11.

4. El que es paciente muestra gran discernimiento; el que es agresivo muestra mucha insensatez. Proverbios 14.29.

5. El iracundo comete locuras. Proverbios 14.17.

Los padres que desean impartir disciplina eficaz a sus hijos, deben primeramente superar su propio enojo y su mal humor. Estos padres deben confesar en primer lugar su rencor a Dios y pedir ayuda para superarlo. Proverbios 16.32 dice: «Más vale ser paciente que valiente».

En las Escrituras se ha señalado cuál es el lugar adecuado en donde puede administrarse un castigo. Dios ha provisto a cada chico con una zona cubierta de tejido blando en donde se puede aplicar una tunda sin que se rompa ningún hueso, ni se cause deterioro alguno. Esta zona está situada en la base de la espalda y por encima de los muslos, en la parte posterior del niño, y todos vienen equipados con ella. Los Proverbios aluden a esta zona y hacen referencia a su uso.

1. En la espalda del falto de juicio, sólo garrotazos. Proverbios 10.13.
2. El castigo se dispuso para los insolentes, y los azotes para la espalda de los necios. Proverbios 19.29.
3. El látigo es para los caballos, el freno para los asnos, y el garrote para la espalda del necio. Proverbios 26.3.

Los padres sabios se dejarán guiar por el libro de los Proverbios para encontrar ayuda en la tarea de disciplinar a sus hijos. Es importante conocer lo que la Biblia tiene que decirnos acerca de la corrección y la enmienda, pero no es suficiente con saberlo. Tendrá que ser aplicado para entonces ver los frutos en la vida de nuestros hijos. «El que desprecia a la disciplina sufre pobreza y deshonra; el que atiende a la corrección recibe grandes honores» (Proverbios 13.18).

Normas disciplinarias

El doctor Tomás P. Johnson, siquiatra de San Diego, que tiene a su cargo el Plan de Disciplina Correctiva del juzgado de la zona, ha escrito las siguientes directrices generales para los padres. Vale la pena transcribirlas a continuación por cuanto su autor nos ha autorizado a utilizarlas.

1. No desapruebe lo que una criatura es, desapruebe lo que hace.
2. Alabe las buenas acciones, no las malas.
3. Estimule y promueva el diálogo, pero recuerde que deben ser los padres los que tengan la última palabra.
4. Imparta castigos rápidos, razonables, directamente relacionados con la ofensa y absolutamente previsibles. No necesitan ser severos.

5. Elimine todas las reglas que no esté dispuesto a respaldar y cambie aquellas que crea necesario cambiar.

6. No dé sermones ni largas advertencias. Los hijos saben recordar lo que es importante y digno de ser retenido.

7. No sienta que tiene que justificar sus órdenes, aunque sea necesario explicarlas.

8. A medida que crezcan sus hijos, muchas de las reglas serán objeto de nuevas consideraciones y enmiendas. Las pocas normas que usted crea que debe respaldar con toda convicción, manténgalas, no importa cuál sea la opinión de otros padres.

9. Permita a sus hijos tomar decisiones propias a medida que vea que tienen la capacidad de hacerlo.

10. No pretenda que sus hijos muestren más autocontrol que usted.

11. Sea honesto con ellos, la hipocresía es transparente.

12. El factor más importante en la imagen que el hijo tendrá de sí mismo, es la opinión de sus padres. Y la imagen que tendrá de sí mismo es lo más importante en su comportamiento.

El temperamento afecta la disciplina

La manera en que los padres ejercen la disciplina sobre sus hijos es, muchas veces, el reflejo de su propio temperamento. Esa es la razón por la cual algunos padres tienen la inclinación natural a ser firmes en el control de la disciplina, mientras que otros tienden a ser permisivos. La mayoría se casa con personas de temperamentos opuestos, lo que suele traerles conflictos cuando se trata de aplicar la disciplina a los hijos. El miembro pasivo de la pareja recibirá la crítica de ser demasiado blando, mientras que al activo se le acusará de ser duro en exceso. Es absolutamente imprescindible que los padres lleguen a un convenio acerca de cómo van a disciplinar a sus hijos, y luego lo pongan en práctica en forma conjunta. Tiene que haber acuerdo de entendimiento antes de que la disciplina pueda ser eficaz. Los hijos advierten al instante cuando sus padres no tienen la misma opinión, por lo que comienzan a usar la táctica de enfrentarlos.

María había sido desobediente y su padre anunció que sería castigada todo el fin de semana. Yo estaba precisamente de visita en ese hogar y presencié el momento en que la hija se acercó a su madre y obtuvo su permiso para ir a la casa de una amiga un rato esa noche. Su padre, de temperamento colérico, le recordó: «Estás bajo disciplina, y eso significa que no puedes salir de casa». La madre, una sanguínea, se interpuso rápidamente y dijo: «Sí, está castigada, pero puede ir, y bastará que deje el número de teléfono de su amiga».

Observé cómo el padre se ponía rojo y los ojos le brillaban de enojo. Si yo no hubiera estado presente, creo que hubiera explotado de furor. Era obvio que su esposa no estaba reforzando su autoridad sino que la estaba acomodando a su propio gusto. Esa hija recibió ese día la lección de que era preferible pedirle permiso a su madre «blanda» que acudir a su padre, más severo. Cuánto mejor hubiera sido que la esposa contestara: «Mira, Marta, tu padre y yo te hemos puesto bajo disciplina, de modo que esta noche te quedarás en casa».

Echemos un vistazo a un problema que afecta a muchísimos hogares y veamos de qué modo respondería cada uno de los cuatro temperamentos. Las peleas entre hermanos y hermanas son tan naturales como el hecho de que llueve de arriba para abajo. Esta parece ser una de las formas favoritas en que los hijos afligen a sus padres. Suele comenzar con uno de los hijos que actúa como provocador, molestando o simplemente fastidiando a los otros. No pasa mucho tiempo hasta que empiezan a ir y venir las palabras. Luego quizás los empujones, o el que uno de ellos arrebate alguna cosa con la que estaban jugando. El ruido aumenta y se vuelven más agudas las voces. Casi siempre hay alguno que termina llorando y sale corriendo en busca de la madre o el padre, para descargarse en acusaciones. ¿Cómo saber cuál ha sido el culpable y quién ha comenzado toda la pelea? Las posibilidades son que ninguna de las partes sea inocente. De acuerdo a su temperamento, los padres reaccionan en forma muy diferente ante este tipo de escena.

El colérico es muy bueno para disciplinar y por lo general refuerza las órdenes que imparte. Es probable que les dé una advertencia cuando empieza la pelea. Después de haberles dicho una vez: «Dejen de pelear en este mismo instante o les voy a dar una paliza a cada uno», si ve que la cosa no ha cambiado, se irá como una tromba a donde están y hará exactamente lo que les ha anunciado, a cada uno de ellos. Es posible que los lleve al dormitorio, los ponga boca abajo en la cama y les dé una buena tunda «para que aprendan». Este padre no les dará mayores explicaciones sino más bien la advertencia: «Si los veo pelear otra vez así, ya saben lo que les pasará». El padre colérico es el que actúa más consecuentemente al disciplinar a sus hijos, pero no acompaña la disciplina con el amor necesario.

El padre sanguíneo le advertirá cien veces: «Juanito, no pelees. Juanito, no pelees. Si no dejas de pelear te daré una tunda», y por lo general Juanito jamás recibe el castigo prometido. El sanguíneo gritará cada vez más fuerte, hasta que al final, entre la pelea de los chicos y los gritos del padre o de la madre, habrá un nivel de sonidos que tendrá algo de parecido a la Obertura 1812. Por último, este tipo de padre acabará por entrar corriendo en el cuarto, y repartirá unas palmadas a cada uno de los hijos en la espalda o donde le caiga la mano, pero su reacción lamentablemente vendrá cuando ya sea demasiado tarde y él mismo esté dominado por la cólera.

Después que pasa la explosión y los chicos están sollozando, el sanguíneo comenzará a sentirse muy culpable debido a su pérdida de control, y por haberlos castigado con ira. Muchas veces tratará de componer las cosas dándoles caramelos o alguna golosina a modo de pedido de disculpas encubierto. El sanguíneo es inconsecuente en su forma de disciplinar. Un día castigará a sus hijos por una acción y al día siguiente pasará por alto esa misma acción.

El padre melancólico escuchará la pelea y se sentirá como que él es quien ha fallado. Es probable que agrande la situación más allá de la cuenta y llegue hasta donde están discutiendo, con lágrimas en los ojos, y les pregunte: «¿Por qué se odian en esa forma? ¿Es que no les he enseñado a que no peleen? ¿No se dan cuenta de lo que me están haciendo?» Este padre les dará muchos sermones, consejos y además tratará de dejar la tunda para el último recurso. Si les pega, luego tendrá un sentimiento de culpa, arrepentimiento por lo que hicieron y lástima de sí mismo por la forma en que sus hijos lo tratan, etc. Es posible que el epílogo sea: «Calmante para dolor de cabeza No. 59».

El padre flemático es aquel que siempre que hay que impartir disciplina trata de desaparecer del campo de acción, con la esperanza de que sea el otro miembro cónyuge el que se enfrente con el problema. Tratará de ignorar la escena o se meterá en un caparazón el mayor tiempo posible para evitar involucrarse en cualquier situación violenta o problemática. Cuando al fin se convence de que si no hace algo los chicos terminarán maltratándose, saldrá de su caparazón el tiempo suficiente como para decir: «Les voy a dar una oportunidad más para que dejen de pelear» o «¿Qué va a decir mamá (o papá)?» Impartir una tunda es tan contrario a la naturaleza del flemático que, si se ve forzado a usar algún castigo, tal vez les ordene a sus hijos quedarse en una silla o los mande a cada uno a su dormitorio. Es casi seguro que si se trata de una madre flemática, reservará el castigo para cuando llegue el padre. El padre flemático por lo general se recluye en el garaje o en el taller, a esperar a que pase la tormenta.

Después de un año de viajar por todo el mundo, hemos pasado muchas horas viviendo y compartiendo momentos de comunión con cientos de ministros del evangelio. Una observación que hicimos al cabo de esa experiencia era que algunos de los misioneros mejor intencionados parecían estar criando a sus hijos en una atmósfera permisiva. (Existe un mayor número de melancólicos y flemáticos entre los que se dedican a la vida misionera.) La idea es que como sus hijos se están privando de tantas cosas por tener que vivir en el campo misionero, se les debe pasar por alto mucha de su rebelión y su desobediencia. Los hijos se han contagiado de ese espíritu y comienzan a sentir lástima de sí mismos, por lo que caen en un espíritu de autoconmiseración. El resultado va a ser un adulto amargado que siempre tendrá la sensación de que la vida lo ha estafado.

Mucho mejor es que los padres den el ejemplo enfocando su atención en los aspectos positivos de su vida y críen a sus hijos respetando la vara y la autoridad que ella representa.

¿Voluntad obstinada o voluntad firme?

Esas dos expresiones pueden parecer similares pero hay un mundo de diferencia entre ellas. Es lamentable que se las haya usado y abusado de ellas tanto, que muchas veces se ha interpretado mal su significado real. El chico de voluntad obstinada o terca, en realidad tiene una voluntad débil. Se deja arrastrar por los apetitos y necesidades del momento. Sus apetitos controlan su voluntad y su voluntad controla su razón. Suele hacer lo que se le antoja; gasta su mensualidad en cualquier cosa que le atraiga la atención, y se impacienta si no puede gratificar de inmediato sus deseos. Una persona de voluntad porfiada siempre está manipulando y distorsionando la realidad para conformarla a su antojo. Su egoísmo es lo que tiene control en su vida, no tiene ninguna consideración en cuanto a cuál sea la voluntad de Dios para él.

Una criatura de voluntad firme, en cambio, opera de manera distinta. Su razón dirige su voluntad y esta regula sus apetitos. Este jovencito puede postergar la satisfacción de una necesidad presente para el logro de una necesidad superior y más permanente en el futuro. Tiene la capacidad de negarse cosas con el objeto de alcanzar ciertas metas. Una voluntad firme puede aceptar las limitaciones de la realidad y ajustarse a ellas. Puede enfrentar la frustración y sabe manejarla. Todas estas son excelentes cualidades, pero cuando no están centralizadas en Jesucristo, las metas se vuelven egoístas y no cuentan para la eternidad.

Una persona de voluntad firme no hace lo que quiere hacer, sino lo que advierte que es preciso hacer. Una persona de voluntad obstinada o terca carece de la libertad interior para hacer elecciones y se ve compelida por la urgencia de su propia necesidad para satisfacer algún apetito. Una persona de voluntad firme, en cambio, posee la capacidad para independizarse de sus deseos personales. La persona de voluntad obstinada está totalmente esclavizada por su propia necesidad de gratificación.

Usted puede ayudar a su hijo observándolo con toda sinceridad y llegando a la conclusión de si es meramente de voluntad obstinada o de voluntad firme. Las características específicas de cada uno comenzarán a advertirse a una temprana edad. Si usted cede continuamente a sus exigencias y deseos, estará alimentando la voluntad obstinada de su hijo. Para que pueda desarrollar una voluntad firme, debe aprender a negarse a sus deseos egoístas.

Sin embargo, no es suficiente tener una voluntad firme. Esa voluntad firme también puede volverse egoísta si las motivaciones son únicamente para el beneficio propio. Se puede aprender una lección de Mateo 16.24-25: «Luego dijo Jesús a sus discípulos: Si alguien quiere ser mi discípulo, tiene que negarse a sí mismo, tomar su cruz y seguirme. Porque el que quiera salvar su vida, la perderá; pero el que pierda su vida por mi causa, la encontrará».

La persona de voluntad obstinada solo es motivada por sus deseos egocéntricos, para «salvar» su propia vida, y Jesucristo dice que así la perderá. Pero el que esté dispuesto a negarse a sí mismo y perderlo todo por amor de Cristo, encontrará la vida. Cuando la criatura de voluntad porfiada recibe a Jesús como su Señor y Salvador, y siente el desafío de negarse a sí misma y seguir a Jesucristo, podrá comenzar a desarrollar la disciplina necesaria para tener una voluntad firme sin deseos egocéntricos. De igual manera, los hijos de voluntad firme tienen igualmente necesidad de un encuentro personal con Cristo, para someter al Señor sus propias metas egoístas y negarse a sí mismos por causa de Jesucristo.

La disciplina es tan necesaria en la vida del uno como en la del otro, tanto para el de voluntad obstinada como para el de voluntad firme. Es imprescindible que los padres disciplinen de modo adecuado a sus hijos a una temprana edad, para que cuando crezcan puedan obedecer a Cristo y rendirse a su autoridad.

11

Coseche las
recompensas el amor

«Claro que amo a mis hijos», señaló un padre. «Les proveo alimento, ropa y techo. ¿Qué más puede necesitar una criatura?»

Unos pocos días antes estuve aconsejando a una pareja joven que tenía dos hijos. Acababa de dictar una conferencia sobre el tema: «Amar a los hijos es un compromiso total». Cuando se me acercaron, noté la mirada de desacuerdo en el rostro de la mujer. De inmediato dijo: «¿Quiere decir que no siempre puedo hacer lo que quiero, que algunas veces tengo que renunciar a mis intereses por mis hijos? ¿No es eso mucho pedir?» Me di cuenta de que había tocado el punto débil de esa mujer. Su esposo se mantenía un poco atrás, observando con cierta incomodidad mientras yo le hacía algunas preguntas, porque me había dado cuenta de que había mucho que ella me ocultaba.

A medida que se fue aclarando la historia, comprendí que estaba hablando con una mujer verdaderamente egoísta que tenía mucha dificultad en amar a sus hijos. Estaba tan obsesionada consigo misma que no podía comprometerse con sus hijos. Amar y educar hijos implica un verdadero compromiso. Usé el ejemplo de la relación del Padre celestial con sus hijos. Qué descuidados estaríamos si solamente proveyera aire para que respiráramos, alimento y ropa. Al contrario, Dios se ha comprometido totalmente con nosotros. Su amor se extiende hasta a las áreas de nuestra vida profesional, nuestras relaciones matrimoniales, nuestras heridas y desilusiones, nuestras alegrías y logros, nuestra salud y nuestra enfermedad y hasta nuestras ilusiones y deseos. El evangelista Mateo en 7.9-12 dice: « ¿Quién de ustedes, si su hijo le pide pan, le da una piedra? ¿O si le pide un pescado, le da una serpiente? Pues si ustedes, aun siendo malos, saben dar cosas buenas a sus hijos, ¡cuánto más su Padre que está en el cielo dará cosas buenas a los que le pidan! Así que en todo traten ustedes a los demás tal y como quieren que ellos los traten a ustedes. De hecho, esto es la ley y los profetas». El Espíritu Santo pareció utilizar mis débiles palabras para aguijonear su conciencia. Observé a esa mujer endurecida y hostil, ablandarse y sollozar. Los tres nos abrazamos mientras ella oraba para que el Señor la perdonara por su egoísmo y le enseñara a amar a sus hijos de la misma forma en que Cristo la amaba a ella.

Otra madre joven me preguntó: «¿Cómo pueden los hijos enriquecer un matrimonio cuando limitan la libertad, interrumpen la conversación, gastan el dinero, invaden la intimidad, consumen las fuerzas y destrozan los nervios?» Concordé con ella en que ese podía ser el caso en algunas familias, pero sé de muchos hogares en que eso no es la realidad y ciertamente no lo es en el nuestro. A pesar de todas las limitaciones, interrupciones, gastos y tensiones que van con la paternidad, estoy firmemente convencida de que los niños añaden profundidad y riqueza a los placeres del matrimonio. Es probable que la mayor diferencia sea la actitud con que se enfrenta la cuestión. La madre que dice: «¿Qué provecho me puede dar a mí una familia?», obtendrá dolores de cabeza, cansancio y nervios destrozados; pero la madre que dice: «¿Qué le puedo dar yo a mi familia?» va a cosechar los frutos del amor y una maternidad feliz.

En la historia de la vida de Susana Wesley, se dice que ella pasaba una hora por semana, en forma ininterrumpida, con cada uno de sus quince hijos. Luego, cuando cada uno de ellos dejó el hogar, pasaba esa hora en oración por ellos. ¡Qué espíritu el suyo! En verdad tuvo muchos frutos para cosechar por el amor que derramó en sus hijos.

Cosechamos lo que sembramos

Cosechar los frutos del amor requiere que, primeramente, sembremos las semillas de ese amor. Muchas de esas semillas tal vez se siembren con sacrificio, pero cuando llega el tiempo de cosechar, los sacrificios serán completamente olvidados. Después de todo, cualquier logro valioso en la vida requerirá cierto sacrificio de nuestra parte. Las «semillas del amor» representan un compromiso absoluto con los hijos durante los pocos años que tenemos para sembrar, antes de que uno pueda comenzar a cosechar.

ESCUCHAR.

La forma en que usted escuche a sus hijos, significará para ellos una de dos cosas: «No me molestes, estoy muy ocupado» o bien: «Nunca estoy tan ocupado como para no poder escuchar lo que tienes que decirme». Lo primero hará que el niño se encierre más en su soledad, por lo que comenzará a sentir que es una carga y que no merece ser escuchado. Lo segundo da al niño la seguridad de ser respetado y considerado como un ser humano valioso y digno de ser escuchado. Paul Tournier, conocido autor y médico suizo, ha dicho: «Es imposible sobrestimar la inmensa importancia que tiene para el ser humano el que lo escuchen».

Alguien afirmó que el verdadero acto de escuchar requiere dos elementos: concentración y dominio propio. Escuchar implica concentración en lo que se está diciendo, lo que no se está diciendo, lo que se está diciendo indirectamente y lo que en realidad se está tratando de decir. Escuchar también implica dominarse para no reaccionar con apresuramiento ni en forma exagerada, así como para no interrumpir ni criticar lo que se está diciendo. Su habilidad para escuchar también le ayudará a evaluar el valor de sus propias palabras, porque mucho de lo que ellas digan será un reflejo de usted mismo.

COMUNICAR.

Usted comunicará aceptación o crítica, amor o rechazo, por la forma en que les hable a sus hijos. El tono de su voz, la mirada de sus ojos, la forma en que toque o acaricie al niño, hablará más fuerte que lo que realmente diga con sus palabras.

Es muy importante que el padre esté deseoso de comunicar verdades espirituales a su familia. (En los hogares donde no hay padre o este no se interesa en enseñar las verdades bíblicas, la responsabilidad cae sobre la madre.) El pequeño formado en un hogar donde se le ama tanto como para que alguien se interese en su bienestar espiritual y en enseñarle verdades básicas con las cuales vivir, es un niño dichoso.

Nos impresionó mucho lo que vimos en una iglesia en la Florida, en los Estados Unidos. Al concluir un seminario que celebramos allí, el pastor anunció que todos los hombres que hubiesen dirigido sus devocionales familiares durante la última semana, estaban invitados a quedarse para celebrar una breve reunión. Vi a más de 300 caballeros acercarse al pastor para conversar con él unos 10 a 15 minutos. Era un acontecimiento poco común para mí, por lo que captó toda mi atención. Cuando el pastor terminó, le pregunté cómo había comenzado ese programa. Me explicó que seis meses antes había observado que los hombres de la iglesia no estaban comunicando las verdades espirituales a sus familias, de modo que un domingo en la noche anunció que tenía interés en reunirse con los hombres que hicieron sus devocionales con la familia durante la última semana.

Hubo 20 hombres que respondieron al llamado. Así que continuó reuniéndose todos los domingos con los hombres que habían hecho sus devocionales familiares durante la semana. La única condición para asistir a esa breve reunión de instrucción, inspiración y ánimo, era haber conducido el devocional familiar durante la semana anterior. No estaban allí porque se propusieron hacerlo, ni porque tuvieran muy buenas intenciones de hacerlo; estaban allí porque ya lo estaban haciendo. Seis meses después el número había crecido hasta superar 300 hogares en los que se comunicaban cada día las verdades espirituales a la familia. Tanto la iglesia como la comunidad cosecharán, con toda seguridad, los beneficios de una comunicación tan efectiva.

DISCIPLINAR. Esta es una semilla muy importante a la que ya se le ha dedicado todo un capítulo (el capítulo 10); pero ahora debe ser incluida en la lista de semillas que hay que sembrar. La disciplina y el amor nunca deben ir separados, porque involucran una relación entre padre e hijo. Debe haber igualdad de disciplina y de amor por parte de ambos padres. Vemos el ejemplo de Esaú en Génesis 25—27. Esaú no fue disciplinado y, además de eso, solamente uno de los padres lo amó. Pero ambos padres cosecharon lo que sembraron. Génesis 26.35 dice que Esaú y su mujer «causaron mucha amargura a Isaac y a Rebeca».

Cuando se usa correctamente, la disciplina da estabilidad a la familia. Los chicos necesitan comprender las reglas de la familia, porque eso les dará seguridad al moverse cada día entre los límites que ellas brindan. La disciplina adecuada constituye un «cerco» para que los niños sepan hasta dónde pueden llegar.

Hace un tiempo, cuando viajábamos por África, encontré muy divertido observar que los animales salvajes tienen un sentido innato de disciplina. Viajábamos por un parque que es una reserva salvaje, en Kenia, cuando nos encontramos con una gran manada de elefantes. Los había de todos tamaños, desde los enormes machos, hasta los pequeños elefantes recién nacidos. Así que estacionamos al lado de la carretera mientras se aproximaban y pronto se nos hizo evidente cuál era la madre del más pequeño. Ella presintió que nosotros constituíamos un peligro potencial, por lo que procuraba que su bebé se mantuviera con la manada. Sin embargo, por esa forma típica de los pequeños, este quería deambular fuera del grupo.

La madre gruñía tratando de captar la atención del pequeño elefante, pero él la ignoraba. Al fin, después de tantas advertencias, ella se dirigió hacia él y le dio unos golpes en la cola con la trompa. Él comprendió de inmediato lo que su madre quería y se volvió a unir obedientemente al grupo. Momentos después la vi caminar a la par del bebé y frotarlo con su gran cuerpo como si fuera una amorosa caricia. Esa madre y su hijo parecían tener una buena relación con un correcto equilibrio entre el amor y la disciplina.

PERDONAR.

Los niños aprenden a perdonar al observarlo a usted. ¿Cómo perdona usted a mamá? ¿A papá? ¿A la persona que lo ha ofendido? En cada situación usted enseña silenciosamente a sus hijos con su ejemplo. Cuando sus hijos lo hieren o lo desilusionan, ¿es capaz de perdonar y olvidar? Cuando uno no perdona ni olvida acarrea una carga que se convierte en un nudo que divide y separa.

Observé a un padre que trataba a su hijo con amargura y contrariedad. El chico había desobedecido y merecía su castigo, pero dado que el padre reaccionó con amargura en vez de tratar de ayudar a su hijo, se formó un nudo que acabó con la relación entre ellos. El padre privó a su hijo de cinco privilegios especiales durante los tres meses de vacaciones, lo que fue demasiado duro. Con uno solo de esos privilegios que se le hubiera privado, ya habría sido bastante severo, pero a causa de los sentimientos heridos del propio padre, este reaccionó en forma exagerada.

Así que durante los tres meses de vacaciones, el chico no tuvo otra cosa que hacer sino sentarse en su cuarto y sentir compasión de sí mismo. Surgieron así la amargura y el resentimiento, por lo que toda la experiencia adquirió proporciones exageradas. Cuánto mejor hubiera sido que el padre disciplinara al muchacho con amor en vez de amargura, y que lo hubiese hecho en el momento, en lugar de prolongarlo por tres meses. Entonces podría haber perdonado a su hijo y todo se hubiera quedado en el olvido. Esa experiencia habría ayudado al chico a superar su error y a proceder mejor en adelante. Cualquier hijo respetaría a su padre por ese tipo de disciplina; la mayoría respondería tratando de mejorar y de no volver a herir a su padre.

RESPETAR.

Amar implica respetar los juicios y las decisiones de sus hijos. Tal vez no sean los mismos que los suyos. Sin duda serán inmaduros y faltos de experiencia pero, al menos, téngalos en cuenta, considérelos. Déjelos comprender que merecen ser evaluados. En determinadas ocasiones será muy beneficioso permitirles llevar a cabo una decisión que ellos hayan tomado, si es que está seguro que no será dañino para ellos. Así los estará ayudando a consolidar su confianza en sí mismos y su autoestima.

El mayor respeto que puede demostrar a su hijo es considerar sus derechos particulares. Toda criatura tiene derechos propios y el padre que ama con verdadera dedicación los considerará y respetará. Esos derechos podrán limitarse a una simple explicación, por ejemplo, pero de todos modos son muy importantes para él.

El verano pasado mientras visitábamos la costa este de los Estados Unidos, mi familia tuvo la oportunidad de ver un ejemplo directo acerca de la violación de los derechos de una criatura. Nuestros dos hijos preuniversitarios, mi esposo y yo estábamos esperando en una fila para ver la Estatua de la Libertad en Long Island Harbor. Era una tarde calurosa y la fila avanzaba con lentitud. Una familia estaba delante de nosotros con dos hijos pequeños. Las criaturas estaban cansadas, con calor y no muy contentas de estar allí esperando en una larga e inclemente fila.

El padre salió un momento de la fila y trajo dos helados desde el puesto más cercano. Los niños se serenaron al instante; ¡qué placer! Todos los demás parecieron serenarse con la alegría de esos chicos. Luego la fila comenzó a avanzar y pronto estuvimos adentro. Encima de la puerta había un gran cartel que decía: ABSOLUTAMENTE PROHIBIDAS LAS BEBIDAS Y LOS ALIMENTOS EN EL INTERIOR DEL EDIFICIO. La madre leyó el cartel y de inmediato reaccionó arrebatándoles los dos helados de las manos a los niños y arrojándolos en el canasto de basura, sin darles la más mínima explicación. Ella podía leer las instrucciones, pero los niños no.

Todo lo que los pequeños sabían era que hacía un momento estaban disfrutando de sus helados y al siguiente se los quitaron sin más ni más. Explotaron con protestas mientras nosotros recorrimos la Estatua de la Libertad con el barullo de los dos chicos llorando de ira porque sus derechos habían sido violados. En cierto momento, a mitad de camino, la madre se detuvo y les dio una paliza a ambos, por llorar. En verdad, parecía que se estaba castigando a la persona equivocada y no a la que se merecía el castigo. Si los padres se tomaran el tiempo para ver las cosas desde el punto de vista de los niños, y respetaran sus derechos, se evitaría mucha confusión.

No hay mayor gozo

Podría hacer una lista más extensa de «semillas del amor» que se deberían sembrar, pero ya he compartido con usted suficiente como para mostrarle que ello implica un sacrificio de su tiempo, sus energías, sus intereses y sus actitudes. Cuando usted planta un huerto debe hacer un sacrificio para preparar la tierra, para sembrar las semillas, para regarlas, para quitarles la maleza, para fumigar con insecticida, etc. Sin embargo, el día en que aparece la primera mazorca de maíz fresco, que usted la prepara para servirla a la mesa y prueba ese delicioso, dulce y tierno grano, se olvida de que sacrificó tiempo, energía y aquel arduo trabajo rutinario.

Lo mismo ocurre con sus hijos.

Cuando usted cosecha la primera tanda de frutos y gusta ese primer sabor que le hace sentir la satisfacción de un trabajo bien hecho, nunca más se acuerda de los sacrificios que tuvo que hacer para lograr esa meta. Cuando usted ve a su hijo o a su hija marchar sobre la plataforma el día de su graduación, para recibir el diploma que representa los 12 o 13 años de formación, su corazón rebosa de gozo en ese momento y no se acuerda de las cosas desagradables que ocurrieron en ese trayecto. Las noches que durmió poco cuando estaban enfermos, los enfrentamientos que le hirieron el corazón, el día que rompieron varias piezas de su mejor vajilla y hasta la gran suma de dinero que ha costado formar a ese hijo, todo parece desaparecer en el pasado cuando recibe ese primer sabor de la satisfacción de un trabajo bien hecho y de una meta lograda.

Los padres no sienten el gozo duradero de ver a sus hijos triunfar en este mundo si al mismo tiempo no están caminando en la verdad. Todo el mundo quiere la felicidad para sus hijos y el camino a esa felicidad es la obediencia a los principios de Dios. La tercera epístola de

Juan, versículo 4, dice: «Nada me produce más alegría que oír que mis hijos practican la verdad».

No hay mayor gozo que saber que los hijos están agradando a Dios y caminando en el Espíritu. Son los padres los que juegan el papel humano más importante en cuanto a ayudar a sus hijos a lograr esta meta.

TITULOS DE
IRIS DELGADO

Iris Delgado ha dedicado su vida al ministerio de restauración a la familia. Ella y su esposo, el Dr. John Delgado, ministran extensivamente alrededor del mundo. Iris obtuvo su Doctorado en Consejería Cristiana de Vision International University, California. Además de autora, Iris trabaja junto con su esposo y dos hijas, como (Academic Dean) de Vision International University of Florida, preparando líderes y laicos para el trabajo del Reino de Dios. Los Delgados llevan 40 años de casados y residen en Euless, Texas.

CASA CREACIÓN
Para vivir la Palabra
www.casacreacion.com
 /casacreacion

PRESENTAN:

Para vivir la Palabra

www.casacreacion.com

CASA
CREACIÓN

Te invitamos a que visites nuestra página web, donde podrás apreciar la pasión por la publicación de libros y Biblias:

www.casacreacion.com

f @CASACREACION

t @CASACREACION

○ @CASACREACION

Para vivir la Palabra